小岗村经济

张庆亮　王刚贞　著

合肥工业大学出版社

图书在版编目(CIP)数据

小岗村经济/张庆亮,王刚贞著. —合肥:合肥工业大学出版社,2021.1
ISBN 978-7-5650-5332-0

Ⅰ.①小… Ⅱ.①张…②王… Ⅲ.①农村经济发展—研究—凤阳县
Ⅳ.①F327.544

中国版本图书馆 CIP 数据核字(2021)第 008850 号

小岗村经济

张庆亮 王刚贞 著　　　　责任编辑 何恩情

出 版	合肥工业大学出版社	版 次	2021 年 1 月第 1 版
地 址	合肥市屯溪路 193 号	印 次	2021 年 1 月第 1 次印刷
邮 编	230009	开 本	710 毫米×1010 毫米 1/16
电 话	综合编辑部:0551-62903028	印 张	12.75
	市场营销部:0551-62903198	字 数	201 千字
网 址	www.hfutpress.com.cn	印 刷	安徽芜湖新华印务有限责任公司
E-mail	hfutpress@163.com	发 行	全国新华书店

ISBN 978-7-5650-5332-0　　　　定价:36.00 元

如果有影响阅读的印装质量问题,请与出版社市场营销部联系调换。

序

1978年，安徽省凤阳县小岗村18位村民冒着生命危险，以“敢闯、敢试、敢为人先”的精神在一份生死契约上摁下鲜红的手印，由此掀开了中国农村改革的序幕。在小岗村大包干等农业生产责任制基础上形成的以家庭承包经营为基础、统分结合的双层经营体制，既发挥了集体统一经营的优越性，又调动了农民生产的积极性，是我们党农村政策的重要基石。小岗村的改革实践，是推动中国农村改革的伟大实践，让我国农业生产、农民生活、农村面貌发生了巨大变化，为我国改革开放和社会主义现代化建设做出了重大贡献。

“三农”问题是中国改革发展的关键环节，是关系国计民生的根本性问题，也是进一步巩固改革开放成果的重要创举。为促进农业农村现代化和乡村全面振兴，小岗村紧随时代发展，与时俱进，不断根据实践发展的要求，丰富集体所有权、农户承包权、土地经营权的有效实现形式，促进农村土地资源优化配置，积极培育新型农业经营主体，在坚持家庭经营的基础上发展多种形式的适度规模经营，逐步由改革开放之初的“包产到户”“包干到户”转向积极推进土地流转、规模经营，即实现从“分”到“合”的转变，不断发展壮大农业社会化服务组织，鼓励和支持广大农户走与现代农业相结合的发展之路，不断将农村改革引向深入。

2021年是中国共产党建党100周年，是“十四五”规划开局之年，对小岗村开展研究，既具有突出的政治意义，又具有非常重要的理论价值和实践价值。为此，安徽财经大学成立中国小岗研究院，在小岗村建立研究基地，把“敢于创造、敢于担当、敢于奋斗”的“小岗精神”与安徽财经大学“诚信博学、知行统一”的校训精神结合起来，敢闯敢为、奋发进取，学习贯彻习近平总书记视察小岗村重要讲话精神及安徽省委农村工作会议精神，确立研究方向，发表一系列研究成果。作为系列成果之一——《小岗村经济》一书是由安徽财经大学7位老师，历时多年，多次去小岗村调研，反复修订后完成，力图用发展的眼光进一步诠释“小岗精神”的时代价值，协助发挥其动力支持、价值引领的作用，更好地担负起服务区域经济发展的重要使命，为安徽推进自贸区建设、全面融入长三角一体化做出积极贡献。

丁忠明

2021年1月

目　　录

第一章　小岗村经济发展概况

小岗村农民创造性地推行“大包干”，开启了中国农村改革的大幕，成就了小岗村作为中国农村改革发源地的历史地位。小岗村经济发展状况与其所处的安徽省凤阳县的经济社会环境以及小岗村自身所处的自然环境、小岗村人自身的秉性等有着紧密的联系。本章在简要介绍凤阳县概况、小岗村概况的基础上，概括小岗村经济发展的历史，总结小岗村经济发展的经验。

第一节　凤阳县概况

在介绍小岗村之前，我们先来看看安徽省凤阳县的情况[①]。

一、凤阳县的历史

凤阳县的历史最早可以追溯到春秋时期钟离子国（今临淮关镇附近）建设的钟离城。秦朝时，钟离城属于九江郡。西汉高祖四年（公元前203）正式设立钟离县。此后，曾更名为蚕富县、燕县、钟离郡、豪州、濠州、中立县、临淮县等。明洪武七年（1374），中立府改名凤阳府，府治迁往新城，同时设凤阳县。据《明一统志》记载，凤阳因在凤凰山之阳，故而得名[②]，明永乐元年（1403）改属南京。清顺治二年（1645），凤阳府改属江南省。康熙六年（1667）改属新成立的安徽

① 部分资料见凤阳县人民政府门户网站（www.fengyang.gov.cn）。

② 据传“凤阳”的名字来源于明朝开国皇帝朱元璋，朱元璋在家乡临濠府营建中都城，因中都城在凤凰山之南、之阳面，1374年易名为“凤阳”。据袁文新《凤阳新书》卷三记载：“国朝启运，肇建中都，营皇城宫阙……席凤凰山以为殿，势如凤凰，斯飞鸣而朝阳，故曰‘凤阳’。”

布政使司，即安徽省。乾隆二十年（1755），凤阳县属安徽省凤颍六泗兵备道，道员驻凤阳。

1949年1月16日，凤阳解放。2月，定凤怀县政府被撤销，凤阳县人民政府成立。后皖北、皖南行署合并，重建安徽省，凤阳划归安徽省滁县专区。1956年，宿县、滁县两个专区合并为蚌埠专区，凤阳县属于蚌埠专区。1961年，蚌埠专区分为滁县、宿县两专区，凤阳县属于滁县专区。1992年底，滁州市成立，凤阳县属于安徽省滁州市。

中华人民共和国成立后，凤阳县仍然是安徽省最穷县之一，是一个“吃粮靠返销、生产靠贷款、生活靠救济”的“三靠县”。20世纪六七十年代，凤阳就曾流行几句新的花鼓腔：“凤阳地多不打粮，碾子一住就逃荒，只见凤阳女出嫁，不见新娘进凤阳。”“红薯干，红薯蔓，离了红薯不能活。”每年农民辛苦地忙碌几个月，冬天却没有东西可吃，只得穿着破棉袄，逃荒要饭，到来年春暖季节再回家耕种。在人民公社体制下，凤阳48万公社社员生产的粮食还不能养活自己。“大包干”的第一年，即1979年，凤阳人民卖给政府大约4 450万千克粮食。这个数字相当于过去26年凤阳卖给国家粮食的总和。这让安徽省的领导们看到了农村改革的希望。

二、凤阳县的现状

凤阳县是安徽省历史文化名城，素有“帝王之乡”“花鼓之乡”“改革之乡”“石英之乡”“曲艺之乡”和“中国民间文化艺术之乡”的美誉。

（一）行政区划

经过2007年乡镇行政区划调整以及2008年行政村合并，至2015年底，凤阳县辖15个乡镇、2个省级工业园。全县共有198个行政村、25个农村社区、19个城市社区。全县常住人口为763 329人，其中，城镇常住人口为113 721人，占总常住人口的比重为14.9%。

（二）自然资源

凤阳县位于安徽省东北部，淮河中游南岸，是安徽省境内最原始的陆壳地区之一，“南是山，北是湾，中间丘陵夹平川”。全县总面积为1 949.5平方千米，岗丘与浅山占全县总面积的85.7%，属于江淮丘陵地带。地形北低南高，自北向南呈三级阶梯逐级抬升，海拔为12～

340 米，总倾斜度为 1/600。地貌为北部平原、中部高岗丘陵、南部浅山三种类型。境内有淮河、濠河、小溪河、板桥河、窑河、天河等多条河流，总长度为 325.3 千米，年均过境水量为 264.78 亿立方米，其中淮河为 262 亿立方米，流域总面积为1 749平方千米。全县已建成水库 110 座和塘坝 2.5 万多个，总蓄水量为 3.2 亿立方米，旱涝保收面积为 431.6 平方千米。凤阳是全国首批商品粮基地县、商品瘦肉猪生产基地县、100 个产粮大县之一；矿产资源丰富，境内已探明的有石灰石、石英石、大理石、蛭石、石棉、白云石、金、银、铜、铁、锰、钼、锌等，其中石灰石、石英石远景储量分别为 100 亿吨和 50 亿吨，储量、品质均居华东地区之首。

（三）交通区位

凤阳县区位优越、交通便捷，公路、铁路、航运四通八达，合徐、宁洛、蚌淮、徐明高速公路和京沪高铁、京福高铁（合蚌客专）、水蚌铁路、津浦铁路穿境而过，宁洛高速凤阳支线已建成通车。蚌埠高铁南站距离县城 16 千米。淮河 52.5 千米黄金水道流经县境北侧，现有码头 5 个。境内交通网密度为 137.97 千米/百平方千米，交通基本形成“干支相连，区域成网”的“丰”字形网络格局。

（四）经济发展

凤阳县经济发展速度较快。2010 年，凤阳县地区生产总值为 86.2 亿元，财政收入为 8.29 亿元，粮食总产量达 72.9 万吨，城镇在岗职工年平均工资为27 017元，农民人均纯收入为5 760元；2019 年，凤阳县地区生产总值为 397.5 亿元，财政收入为 34.2 亿元，城镇常住居民人均可支配收入为27 912元，农村常住居民人均可支配收入为12 764元。

目前，凤阳县按照“强化工业、调整农业、开发旅游业、带动发展第三产业”的总体战略规划，围绕构建“和谐凤阳、人文凤阳、生态凤阳、魅力凤阳”和“打造中国最具竞争力的硅（玻璃）产业基地、中国优秀旅游目的地城市和国家级现代农业强县”的奋斗目标，大力实施“工业强县、城镇带动、稳农固本、转型升级、开放合作、科教兴县”六大战略，经济和社会事业取得长足进步。

到“十三五”收官的 2020 年，凤阳县将奋力实现地区生产总值、工业总产值、财政收入、人均地区生产总值“四个翻番”，经济总量冲刺全省十强。地区生产总值年均增长 12%以上，三次产业之比调整为 15∶50∶35；财政收入年均增长 12.8%，社会消费品零售总额年均增长13%。城乡居民收入增幅高于地区生产总值增幅，城镇居民人均可支配收入和农村居民人均可支配收入年均分别增长10%和12.1%。

第二节　小岗村概况

小岗村隶属小溪河镇，小溪河镇是凤阳县东部重镇，距县城34千米，2007年4月由原小溪河镇、石门山镇、燃灯乡合并而成。小溪河镇地处江淮分水岭，是素有“小溪河不小”之说的凤阳县第二大镇，镇域面积为206平方千米，辖14个行政村和1个街道居委会，人口为5.4万人。全镇承包耕地面积为57.53平方千米，实有耕地面积为14平方千米，以水稻、小麦、花生、黑豆等经济作物为主。近年来，小溪河镇进一步“打好小岗牌、唱好经济戏”，实施“农业稳镇、工业强镇、旅游兴镇”的发展战略，大力发展现代农业和旅游业，全镇经济保持了良好的发展势头。2016年，全镇实现财政收入2 500万元，固定资产投资2.4亿元，规模以上工业产值6.5亿元，粮食总产量70.3万吨，农民人均纯收入8 823元[①]。

一、小岗村简介

1978年是具有转折意义的一年，是一个新时代的起点，5月11日，《光明日报》发表了《实践是检验真理的唯一标准》一文，掀起了对检验真理标准问题的大讨论，促进了全国性的思想解放运动。12月18日，中共十一届三中全会召开，标志着决定国家前途命运的改革开放正式拉开序幕，标志着从此中国迈入“以经济建设为中心”的历史新时期。

在这样一个大背景下，1978年12月的一个夜晚，凤阳县梨园公社小岗生产队的18户农民以“敢为天下先”的胆识[②]，按下了分田到户的

---

① 参见小溪河镇先锋网（http：//www.xiaoxihe.gov.cn/xf/html/1387.html）。

② “小岗”的名称来源于所处的地方不是平地，而是隆起的小土坡、一块高地。中华人民共和国成立初期，小岗村只有24户人家，与大严、小严三个自然村（一个自然村就是一个生产队）合称“大严村”。1990年，梨园公社撤销，小岗村并入小溪河镇。

"红手印"，搞起了"大包干"[1]。这成为启动中国农村改革的标志性事件。

1980年5月31日，中国改革开放和现代化建设的总设计师邓小平高度评价小岗村改革："'凤阳花鼓'中唱的那个凤阳县，绝大多数生产队搞了大包干，也是一年翻身，改变面貌。有的同志担心，这样搞会不会影响集体经济。我看这种担心是不必要的。"[2] 1982年1月，《全国农村工作会议纪要》（简称1982年"中央一号文件"）充分肯定了包产到户、到组，包干到户、到组，肯定了安徽的做法，家庭联产承包责任制在全国迅速推开，由此给中国农村带来了举世公认的巨大变化。1998年，时任中共中央总书记、国家主席江泽民视察小岗村。2008年，时任中共中央总书记、国家主席胡锦涛视察小岗村。2016年4月25日，中共中央总书记、国家主席习近平视察小岗村，主持召开了农村改革座谈会并发表重要讲话。党和国家主要领导人如此关注这个村庄，小岗村获得了无上的荣耀，被誉为"中国农村改革第一村"。著名社会学家费孝通曾为小岗村题写村名（图1-1）。

图1-1　著名的小岗村牌坊（费孝通题写）

① "大包干，直来直去不拐弯；保证国家的，留足集体的，剩下都是自己的。"大包干歌广为流传，曾让安徽省凤阳县小岗村声名鹊起、家喻户晓。

② 邓小平．邓小平文选（第二卷）[M]．北京：人民出版社，2002：315-316.

1978年之后，小岗村经历了两次扩村。1978年“大包干”时的小岗村（实际上指的是小岗生产队）有20户人家（其中2户是单身汉），115人，包产土地面积为34.47万平方米。1993年3月8日，小岗村正式成立，由原小岗生产队和原大严生产队组成，全村共75户，312人，包产土地面积为71.33万平方米，实有耕地面积为106.67万平方米。2008年3月，原小岗村与相邻的石马村、严岗村合并，成立了新的小岗行政村（图1-2），辖23个村民组，849户，3 823人。小岗村现有3个集中居住区，23个村民组，1 040户，4 361人，村域面积为15平方千米，其中农用地面积为12.6平方千米，可耕种土地面积为9.1平方千米。

图1-2　小岗村办公楼

小岗村现已获得了“中国十大名村”“国家AAAA级旅游景区”“安徽省历史文化名村”“安徽省农家乐旅游示范点”“国家红色旅游经典景区”“国家科技示范村”等称号。小岗村提出打造“现代农业的示范村、制度创新的实验村、城乡统筹的先行村、文明和谐的新农村”的“四型村”目标，建设富裕、民主、文明、和谐的新小岗村。此后，小岗村获得众多荣誉称号：中国乡村红色遗产名村　国家红色精神遗产范例（2011）、全国文明村镇（2011）、全国大学生假期社会实践教育基地（2013）、全国特色景观旅游名镇名村（2015）、全国红色旅游景点景区（2016）、安徽省研学旅行基地（2017）等。

二、小岗村基本条件

（一）自然条件

小岗村地处凤阳县城东南部，海拔 20～50 米，属于淮河流域，距离淮河约 20 千米。淮河以南属于北亚热带，淮河以北属于暖温带，这样两种气候之间除地理位置上有一河之隔外，并无截然不同的界线。小岗村处在北亚热带向暖温带渐变的过渡带内，在气候上就具有明显的过渡性特点，表现为四季分明，光照充足，水热同季，干冷同期，但雨量季节分配不均。小岗村处于中国东部湿润的季风区内，无霜期为 210 天左右，年平均气温在 15℃左右，平均降雨量为 900 毫米，全年日照时数为2 000～2 300小时；土壤以棕壤、水稻土和沙壤土为主，气候与土壤条件适宜多种农作物生长。农作物种植模式为一年两熟或两年三熟，粮食以小麦、水稻、玉米、大豆为主，油料以花生、芝麻、油菜为主，其他五谷杂粮兼有①。

（二）交通条件

小岗村距离凤阳县城 20 多千米，距离京沪高铁蚌埠南站约 40 千米，距离京沪铁路凤阳站约 20 千米，省道 101 依村而过，距离京沪铁路约 5 千米，距离明光、临淮 2 个淮河航运码头均约 20 千米，距离凤阳港约 18 千米。外地人乘车去小岗村的路线，可以从 G36 南洛（南京—洛阳）高速公路凤阳出口下高速，直行约 3 千米至 307 省道，再沿 307 省道直行约 6 千米至改革大道（图 1 - 3），进入改革大道后行驶至小岗村。

（三）人文资源

小岗村旅游资源较为丰富。经过多年的开发和建设，旅游业已成为带动小岗村发展的重要产业之一。目前建成并对外开放了大包干纪念馆、沈浩同志先进事迹陈列馆、当年农家、村文化广场、葡萄采摘园和高效生态农业示范园，建设了游客服务中心、购物商店等旅游设施，为游客提供葡萄采摘、踩水车、推磨等参与性项目，旅游资源丰富。

① 部分资料参见凤阳县人民政府门户网站（www.fengyang.gov.cn）。

图 1-3　改革大道的牌坊

作为中国农村改革的发源地和沈浩精神的诞生地，小岗村不但是全国十大名村之一，而且获评国家 AAAA 级旅游景区。2015 年，小岗村接待游客约 70 万人次，旅游总收入约4 000万元。

第三节　小岗村经济发展历程

据史料记载，古时候的淮河流域比较富庶，正如谚语："走千走万，抵不上淮河两岸""江淮熟，天下足"所描述的那样，小岗村处于淮河流域，自然也比较富庶。然而，自南宋时期的"黄水夺淮"事件之后，淮河入海通道被淤塞，小岗村所在地水旱灾害连年不断，以致农业衰敝，由富庶走向贫穷，民不聊生。1368 年凤阳人朱元璋建立了大明王朝，然而，水旱灾害问题依然没有解决，小岗村人与其他地方的凤阳人一样，背起花鼓四处逃荒，以至于国内诸多地区的人们都熟悉这首歌谣：

说凤阳，道凤阳，凤阳本是好地方。
自从出了朱皇帝，十年倒有九年荒。
大户人家卖田庄，小户人家卖儿郎；

奴家没有儿郎卖，背着花鼓走四方。
白云千里过长江，花鼓三通出凤阳。
凤阳自出朱皇帝，山川枯槁无灵气。
妾生爱好只自怜，别抱琵琶不值钱。
唱花鼓，渡黄河，泪花却比浪花多①。

一直到中华人民共和国成立前，小岗村依旧处于贫穷的状况，背着花鼓外出逃荒成为小岗村人的标志。

一、1949—1978 年的经济发展情况

（一）天灾人祸，苦难不断

1949 年，中华人民共和国成立为小岗村人带来了新的希望和对美好生活的期盼。“耕者有其田”这一几千年来中国农民安身立命的梦想得以实现。1950 年 6 月 30 日，《中华人民共和国土地改革法》公布，开始在全国推动土地改革，即新中国成立后的第一次土改。据记载，1949 年后，小岗村居然找不到一个可划成“地主”的人，后来勉强凑了一个。小岗村人的贫穷状况由此可见一斑。

小岗村附近的淮河水灾频发，每三五年发一次大水，这几乎成了不可抗拒的自然规律。1950 年夏，洪水泛滥成灾，良田颗粒无收，1 300万灾民流离失所，死伤无数。淮河真正成了一条害河。10 月 14 日，中央人民政府政务院发布《关于治理淮河的决定》。1951 年 1 月 15 日，毛泽东同志题写了“一定要把淮河修好”，随后这一题词成为治理淮河的伟大号召，小岗村农民和淮河流域其他地方的农民一起，积极投入淮河治理中。特别是小岗村农民和附近农民不计报酬，以空前高涨的热情，凭借一种翻天覆地的力量，修建了燃灯寺水库，在一定程度上解决了十年九旱的问题。“水利是农业的命脉”，通过修水库、挖池塘、浚河流，小岗村人真正掌握了水利的“命脉”。此后，拥有土地的小岗村人开始积极投入农业生产的恢复和发展中，粮食产量逐步稳定，基本上解决了温饱问题。小岗村人终于告别了“背着花鼓走四方”的乞讨生活，告别了十年九荒的苦难经历。

① 池子华．流民的文化现象——以清代淮北地区为例［J］．苏州大学学报（哲学社会科学版），2003（01）．

土地改革完成之后，党和政府很快在农村实行农业合作化①，亦称农业集体化。1955年，小岗村共有34户、175人，30头牲畜，耕地面积为73.33万平方米。农民通过互助合作，组织成立了互助组，取名为“小岗互助组”，“小岗”由此得名。显然，小岗村的互助组成立较晚。1956年，小岗村进入高级社，所有土地归集体，进入集体化的洪流中。1957年，小岗村人第一次吃了国家的救济粮，并且持续至1978年②。

1957年9月，中国共产党八届三中全会通过《农业发展纲要十四条（修正草案）》。1958年5月，在中国共产党第八次全国代表大会第二次会议上，毛泽东同志提出了“鼓足干劲，力争上游，多快好省地建设社会主义”的总路线。农村将高级社转变为公有化程度更高的人民公社。

1966—1976年，小岗村农业生产落后，农民生活十分穷困。

（二）穷则思变，秘签契约

到1978年上半年，小岗生产队的落后和穷困状况仍然在持续。1978年秋收后，小岗生产队把拥有的38.07万平方米的耕地和10头牛分到成立的两个作业组。然而，由于作业组的范围太大，涉及的户数较多，最终将整个生产队分成了8个组，每组2～3户，基本是兄弟、父子、邻居。

1978年12月，小岗生产队18位户主在严立华家（图1-4）按下了分田到户的“红手印”（图1-5），把土地分到了每家每户。“红手印”上的文字是：我们分田到户以后，每户夏秋二季所收的头场粮食，

---

① 农业合作化运动中，距离小岗村不远的凤阳县武店镇出现了一位带头人——陈学孟（1896—1983年），武店镇后陈人，曾担任农村互助组织长、初级社社长、武店乡农会主任等职。1955年，陈学孟因在合作化运动中的突出贡献，受到毛泽东的关注并为《合作化的带头人陈学孟》一文写下按语，曾获得全国劳动模范称号。1964年，他当选全国人民代表大会代表，1969年当选中国共产党第九届全国代表；曾受到毛泽东五次接见。

② 农业生产互助组一般由几户或十几户农民组成，组员在土地及其他生产资料私有以及个体独立经营的基础上，在劳动力、畜力、农具等方面开展换工互助。初级农业生产合作社（简称初级社）是在保留生产资料个体私有的条件下，以土地入股、统一经营的方式，按劳动和土地比例分红。初级社采取统一经营的方式，并积累公共财产，实行按劳分配等。高级农业生产合作社（简称高级社）是土地等主要生产资料归集体公有。其中，社员的土地被无偿转为集体所有；大型农具等主要生产资料则有偿或直接转为集体所有；社员的个人收入也只能采取按劳分配的形式，不再支付土地报酬和其他生产资料报酬。

图 1－4　按“红手印”的现场

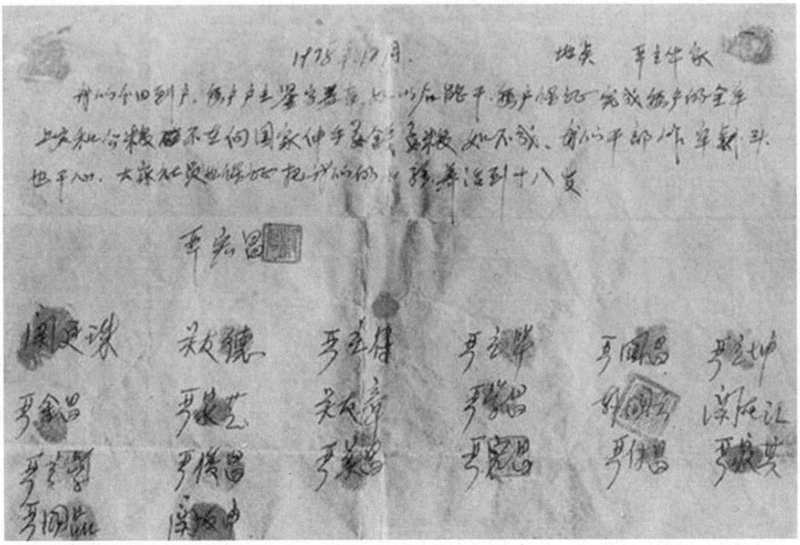

1978.12月.　　地点　严立华家

我们分田到户，每户户主签字盖章，如以后能干，每户保证完成每户的全年上交和公粮，不在向国家伸手要钱要粮，如不成，我们干部作牢剎头也干心，大家社员也保证把我们的小孩养活到十八岁

图 1－5　小岗村民分田到户的“红手印”（资料照片）

就要把国家征购和集体提留交齐，谁也不准装孬种；我们是明组暗户，不准任何人向上面和外人讲，谁讲谁不是人；如果队干部因为分田到户而蹲班房，他家的农活由全队社员包下来，还要把小孩养到 18 岁；

并附有村民签名[①]和按手印[②]。虽然开始对外保密，但是仍然很快被外界发现。梨园公社领导要求小岗生产队将分了的土地立即合并起来。当时小岗村的“分田到户”之所以能够坚持下来，是因为有县、地、省领导的支持[③]。此后，“大包干”开始逐渐被人们认识和接受。小岗村也成为中国农村改革的标志。

二、1979—2005年的经济发展情况

（一）积极生产，成效显著

“大包干”极大地调动了小岗村人的积极性，农业生产取得了突破性进展。凤阳县委办公室的调查结果显示：1979年小岗生产队粮食产量为132 370斤（相当于1966—1970年粮食产量的总和），油料产量为35 200斤。20多年来，小岗村人第一次向国家贡献粮食65 000斤、油料20 000斤，第一次归还国家贷款800元，第一次留储备粮食1 000多斤。由于生产发展，社员收入大大增加。据统计，1979年全队农副业总收入47 000多元，平均每人400多元。最好的户总收入可达5 000多元，平均每人可达700多元。最差的户平均每人收入也在250元左右。

20世纪80年代以来，特别是1982—1986年，中共中央连续发布

---

① 签名：第一排仅严宏昌一人（应该是牵头人）；
第二排（从左向右）关庭珠、关友德、严立付、严立华、严国品、严立坤；
第三排（从左向右）严金昌、严家芝、关友章、严学昌、韩国云、关友江；
第四排（从左向右）严立学、严俊昌、严美昌、严宏昌、严付昌、严家其；
第五排（从左向右）严国品、关友申。

② 18位户主，严宏昌、严立学、韩国云在名字上盖了自己的章，其余15人均在自己的姓名上按了手印。外出讨饭的关友德的手印，由叔叔关庭珠代按；严国昌的手印由其儿子严立坤代按。盖章和摁手印的总户数是20户，是20个人名，除去2户代按手印的，是18户。目前，这份“大包干”契约作为编号GB54563的文物，被陈列在中国国家博物馆。

③ 有意思的是，公社领导坚决不同意“分田到户”，而县、地、省三级领导支持。1979年4月，凤阳县委书记陈庭元看到小岗村花生种得整整齐齐，决定让小岗村悄悄地干一年。1979年11月，滁县地委书记王郁昭批准小岗村干3年。1980年1月，时任安徽省委第一书记的万里来到小岗村，批准小岗村干5年。在省委常委会议上，万里拿出小岗村人送的一包花生，分给常委们品尝，讲述他所看到的小岗村面貌。他说：“不管什么办法，只要能增产增收，为国家做贡献，集体多提留，群众生活能改善，就是好办法。”会上，安徽省委同意滁县地委的要求，在同年召开的全省农业会议上，肯定了包产到户是一种深受群众欢迎的责任制，可以普遍推行。随着安徽家庭联产承包责任制的实施，到1984年，全国范围内都实行家庭联产承包责任制。

关于“三农”问题的5个“一号文件”，正式肯定了家庭联产承包责任制，发展商品经济；逐步取消农产品统购派销制度，推进农产品流通领域改革；调整产业结构，发展乡镇企业和建设小城镇等。小岗村人充分利用国家政策的变化和调整，积极从事农业生产，农民收入进入高速增长时期。由于小岗村人最早获得了农业的生产自主权，在此后的五六年里，小岗村农民比其他地方的农民生产更加灵活，生活也稍微富裕一些，小岗村人获得了实实在在的好处。

（二）温饱有余，富裕不足

随着经济体制改革的深入，改革重点逐渐从农业转向工业、从农村转向城市，小岗村人和全国绝大多数地区的农民一样，持续十多年徘徊在“温饱有余、富裕不足”的境地。1993年，小岗村取消了农业税。然而，小岗村的生产、生活基本没有发生多大变化，依然处于“有饭吃，缺钱花”“吃饱了饭，看不起病，读不起书”的尴尬境地。尤其是20世纪90年代中后期，中国农村、农业发展不断出现新的问题，这些问题在小岗村更为突出。

到1998年初，小岗村的发展状况让人吃惊，不少村民仍住在茅草屋中，农户家里鲜有冰箱、彩电、洗衣机、电话等生活用品。小岗村虽然家家户户都有粮食吃，解决了温饱问题，但是人均收入水平仍然偏低。

然而，让小岗村人感到惊奇的是，1998年竟然成为他们终生难忘的一年。从6月开始，凤阳县相关职能部门纷纷进驻小岗村，三个月建成的小岗村小学，可以容纳从一年级到五年级5个班的160人；建造一座水塔，让小岗村人破天荒地像城里人一样喝上了自来水；为小岗村家家户户住房的墙面刷上涂料；每家每户建造了卫生厕所；家家户户装上了电话（每户仅收电话费160元[①]）；村支部的办公室装修美化；从小岗村到小溪河镇修了一条8千米左右长的柏油马路；小岗村大包干20周年展览室拔地而起；村西头建造了一座很气派的牌楼等[②]。凤阳县

① 同期，城市居民安装一部电话大约需要2 000元。

② 小岗村的现状，改革内参，2000（05）.

林业局自筹资金，从百里之外的凤台县林场买来830棵蜀桧，美化“友谊大路”[①]。小岗村以一天一个样的速度在变化。这些项目大多由政府出资兴建，显然，这和纪念“大包干”以及改革开放20周年有关。

与中国其他名村相比，小岗村是落后的。2002年，山西大寨村经济收入突破1亿元，农民人均收入达到4 000元；河南南街村更是创造年产值14亿元的奇迹；2003年，小岗村人均收入只有2 300元，经济总量只占华西村的4%[②]。2004年2月，安徽省财政厅挂职干部沈浩到小岗村任职[③]，书写欢迎标语的墨汁、纸张都是借钱买的，村集体亏欠外债达3万余元，全村人均收入为2 300元。

---

① 时任长江村党委书记郁全和曾说：“富裕起来的中国农民，都不应忘记小岗村！”1997年，在《解放日报》一位负责人的牵线搭桥下，江苏省张家港市长江村和安徽凤阳县小岗村结为“姊妹村”。“要想富，先修路。”长江村投资100多万元为小岗村修路。他们不但派人实地勘察、施工，党委书记郁全和还亲赴苏州挑选行道树，用红漆逐棵编号，然后派专车运到小岗村。经过3个月的施工，一条宽22米、近1千米的高标准水泥干道铺就。这条贯穿小岗村东西的主干道被取名为“友谊大道”。2002年，长江村送小岗村105户人家每户一台彩电。

② 司加林，张军有．小岗村的三十年：就像中国农村的一个缩影［N］．解放军报，2008-12-11.

③ 沈浩（1964.5—2009.11），男，安徽省萧县人，1986年7月毕业于铜陵财经专科学校（2002年3月，经教育部批准，更名为铜陵学院），分配到安徽省财政厅综合处工作，历任副主任科员、主任科员、副调研员等职务。2004年2月，沈浩作为安徽省第二批选派到农村的任职干部（从2001年起，为了加强基层组织建设，发展农村经济，帮助农民致富，中共安徽省委从省、市、县党政机关和企事业单位选派优秀年轻党员干部到农村，担任党组织第一书记，每届任职三年），来到凤阳县小岗村，任小溪河镇党委副书记、小岗村党委第一书记（2006年5月，小岗村成立村党委，沈浩任小岗村党委第一书记，之前任小岗村党支部书记）、村委会主任等职务。2006年底，任职三年届满，小岗村人98颗鲜红的手印要求沈浩继续留在小岗村。2008年初，他被评为第七届全国农村基层干部十大新闻人物唯一的特别奖。颁奖词如是说：“是党员，就要无私奉献、忘我工作；是选派干部，就要圆满完成选派任务”。2009年10月，小岗村人再次按下186颗红手印，请求沈浩继续留在小岗村。任职期间，沈浩为小岗村的发展呕心沥血，成绩卓著，在村民中享有很高的声誉，先后荣获全国农村基层干部“十大新闻人物”特别奖、安徽省第二批选派干部标兵、安徽省改革开放“三十人三十事”先进个人、“全国百名优秀村官”等荣誉称号。2009年11月6日，沈浩去世，中共安徽省委追授沈浩“优秀共产党员、模范基层干部”称号，中共中央组织部授予沈浩同志“全国优秀共产党员”称号。沈浩获评2009年度中国农村新闻人物、2009年度CCTV“感动中国”人物。时任中共中央总书记、国家主席、中央军委主席胡锦涛在批示中，对沈浩的去世表示沉痛悼念，对沈浩的亲属和小岗村村民表示亲切慰问。小岗村人第三次按下67颗红手印，将沈浩骨灰埋葬在小岗村公墓。

“一年越过温饱线，二十年没进富裕门。”小岗村人为什么没有走向富裕呢？这和小岗村人一直以来单纯依赖种植粮食作物有很大的关系，村里几乎没有企业。据当事人回忆，1984 年，小岗村有人试办塑料加工厂。1993 年又成立了小岗村农业实业总公司，先后试办瓶盖厂、电子仪表厂、面粉厂、摩托车镜子厂、铜线厂、工艺被厂、食用油厂，等等。然而，由于种种非正常甚至有些匪夷所思的原因，这些企业没有发展起来。

进入 21 世纪，中共中央从 2004 年起连续出台“一号文件”，为解决农村、农业、农民问题提供支持。从 2004 年起，小岗村人均收入增幅逐年提高。全村午季小麦总产量 30 万公斤，收入 42 万元；秋季水稻总产量 50 万公斤，收入 73 万元；黑豆总产量 5 万公斤，按每公斤 9 元计算，可获得收入 45 万元；花生、玉米等杂粮收入 10 万元；全村 30 万平方米的葡萄园，收入 50 多万元；养殖收入 10 万元；加上全村 65 人外出打工，收入预计达 30 万元；扣除生产成本每亩 350 元，共 56 万元，全村累计总收入达 204 万元，年人均收入4 000多元，比上年的2 100元几乎翻了一番[①]。村民严留昌全家共 4 口人，黑豆收获2 000公斤，估计能卖18 000元；午季收1 500公斤小麦，卖了2 100元；秋季收3 000公斤稻谷，按国家保护价 1.46 元/公斤，可卖4 200元；葡萄卖了5 000元，加上养殖收入2 000元，全年家庭收入可达26 000元，扣除生产成本，净收入可达20 000元，再加上儿子在外打工，收入更加可观[②]。

2005 年，小岗村人均收入仅是大寨村的 60%、华西村的 3%[③]。显然，小岗村经济与这些中国名村相比差距很大。在一定程度上，可以说小岗村经济发展一直没有取得明显的突破。正如时任小岗村党委书记、村民委员会主任、挂职干部沈浩在向安徽省委领导如实汇报小岗村发展现状时所说：“小岗村这些年几乎没有发展，‘联产承包责任制’改革之前‘贫穷落后’，现状是‘温饱有余’。小岗村经济发展依赖政府投入、企业和社会捐助。小岗村人还没有真正依靠自己的能力‘脱贫致富’。”

① 安徽凤阳县小岗村迎来丰收年［EB/OL］. 安徽农网（http：//www.ahnw.gov.cn/），2004－10－26。

② 同上。

③ 樊立慧．凤阳小岗村向中国十大名村迈进［N］. 安徽市场报，2007－11－19。

三、2006—2010 年的经济发展情况

党的十六届五中全会通过的《中共中央关于制定国民经济和社会发展第十一个五年规划的建议》中，首次明确提出，建设“生产发展、生活宽裕、乡风文明、村容整洁、管理民主”的社会主义新农村。2006 年中央“一号文件”明确提出推进社会主义新农村建设。推进新农村建设必须坚持以发展农村经济为中心，进一步解放和发展农村生产力，促进农民持续增收。这为小岗村经济发展提供了良好的外部环境，促进了村容村貌、农业生产、农民生活的变化。2010 年，小岗村实现固定资产投入 2.7 亿元；引进项目 3 个，合同投资额 12 亿元；开工或完工重点项目 5 个、民生或基础设施项目 7 个；农民人均纯收入 6 700元，比 2009 年净增加1 200元，增长 21.8%。

在社会主义新农村建设中，小岗村被确定为凤阳县首批新农村建设试点村之一[①]。沈浩在前期调研的基础上，对小岗村未来的经济发展进行了设计，概括起来就是发展现代农业和养殖业，建设工业园、创业园，开发旅游景点，发展旅游业，实现土地流转。应该说，沈浩为了实现小岗村经济快速发展而呕心沥血。

（一）发展现代农业，探索土地流转

最初，江苏省张家港市长江村帮助小岗村建起了葡萄示范园，期望带动农户种植葡萄，并发展葡萄深加工产业。后来，小岗村原村主任严德友（“十八个红手印”之一严俊昌的儿子）承包了葡萄示范园。2006 年 10 月，严德友在葡萄示范园的西侧采取反租倒包的形式，从农户手中承包耕地 7.93 万平方米，发展葡萄种植，于当季完成了土地的整理工作。2007 年 3 月份又引进红提、夏黑、藤稔、超藤、黑旋风、紫提等优质葡萄品种，全面扩大葡萄种植面积（图 1－6）。在做好葡萄种植的同时，2006 年他还出栏生猪 500 头，获利 10 万元。在做好自身经营的同时，他还帮助本村群众更新葡萄品种，做好葡萄销售工作，其他村民也相继扩种葡萄 18.67 万平方米。2007 年，全村葡萄种植面

---

① 根据滁州市确定的小岗村“三步走”发展战略，振兴小岗村的第一步就是“调整产业结构，发展现代农业”；第二步是以大包干纪念馆为依托，发展红色旅游；第三步是“着力办好工业园”，实现小岗村跨越式发展。

图 1－6　葡萄示范园的标志性大门

积达 55 万平方米，葡萄种植成为村民收入的一个重要来源[1]。

2006 年 5 月，安徽科技学院的苗娟、周盘龙、王中华三名大学生来到小岗村创业，租用土地建设大棚，种植双孢菇。前两年取得了不错的经济效益，带动了很多农民种植双孢菇[2]。凤阳县委出台《关于鼓励大学生到小岗村创业的实施意见》等文件予以扶持。2008 年 8 月，小岗村双孢菇生产基地被授予安徽省农业标准化示范区，通过合作社全部进行标准化生产、管理。2008 年 9 月 30 日，时任中共中央总书记胡锦涛同志视察小岗村时就曾考察双孢菇种植基地。到 2008 年底，小岗村的双孢菇大棚数量为 179 个、占地面积为 10 万平方米，年产鲜菇 200 万斤，可实现产值 400 万元。然而，由于没有市场支撑以及政府补贴，基地未能获得良好的利润。从 2009 年起，小岗村双孢菇基地撂荒，大棚陆续消失，为此而建立的大学生创业园也废弃了。挂着“小岗村食用菌专业合作社”牌子的平房还在，小岗村的主导产业却没有发展起来。

广州从玉菜业集团计划三年内投资 1.5 亿元建设蔬菜生产基地，2009 年已成功试种。2010 年 1 月 23 日签约的天津宝迪集团投资 6 亿元

① 葡萄产业结硕果——小溪河镇“双培双带”示范基地巡礼［EB/OL］. 小溪河镇先锋网（http：//www. xiaoxihe. gov. cn/xf/ l），2007－11－02。

② 凤阳县针对双孢菇种植的优惠政策规定：种植双孢菇可获得每个大棚10 000元的无息贷款和6 500元的补贴。

的10万头原种猪现代化养殖场顺利开工建设。

2007年5月，沈浩在村民大会上提出了将土地集中起来发展的思路，借鉴农村生产合作社发展模式，加入现代企业管理模式，农民以土地为股份入股，成立“安徽省凤阳县小岗村发展合作社”，整合资源开展适度规模经营。2008年3月，在小岗村召开的一次土地流转会议上，3 823位村民中有超过80%以上的村民愿意将土地流转出去。

（二）大力招商引资，建设村工业园

小岗钢构有限公司、小岗村粮油食品发展有限公司、小岗村园林绿化公司、凤阳县小岗村水产养殖有限公司、上海宝迪种猪厂等企业陆续在小岗村注册。然而，令人遗憾的是，小岗钢构有限公司（图1-7）、小岗村粮油食品发展有限公司、小岗村园林绿化公司、凤阳县小岗村水产养殖有限公司都没有实质性发展。宝迪种猪公司进展同样缓慢。普朗特国际集团的投资公司将征用的土地用护栏圈了起来，另外还租用了2.73平方千米的土地，这些土地仍没有真正利用起来。2007年5月，通过招商引资，小岗村面业公司成立。

图1-7　小岗钢构有限公司废弃的厂房

2009年1月8日，美籍华人张永博士及其亲属控股的美国GLG集团与凤阳县小岗村签订合作协议，共同成立凤阳县GLG新农业发展有限公司，计划投资15亿元，规划建设占地面积1.33平方千米的GLG农产品深加工高科技产业园。2010年4月，首期投资1亿元、占地面积 33 万平方米的四个农业和工业项目（优质甜叶菊种苗繁育、甜菊糖生产加工、银杏滴丸生产加工、燕麦制品深加工）竣工。2010 年 12 月 17 日，由美国 GLG 集团投资建设的国内首条天然零卡饮料生产线在小岗村建成投产。该生产线投资2 500万美元，占地面积 20 万平方米，计划实现 4 亿余元的年产值，并为村民提供 200 多个就业岗位。

（三）加快景点建设，发展乡村旅游

2007 年底，《凤阳县小岗村新农村建设规划》（以下简称《规划》）提出将石马、严岗两村合并到小岗村。《规划》提出“旅游兴村”的战略，主打“中国十大名村”“中国农村改革的先行者”品牌，大手笔建设一批特色显著、发展潜力巨大的观光农业项目，将农业生产与旅游观光融为一体，把小岗村建设成为现代农业发展、旅游观光的示范村。小岗村将以“经济增长高速度、村庄建设大跨越、乡村旅游大发展”为主题，加大招商引资力度，推进大学生创业园、农家乐示范园、科技农业示范园、工业集中区、新农村居住区建设，大力发展现代农业、旅游观光业和农产品加工业，多轮驱动，争取在较短的时间内实现由农业型村庄向农、旅、商互动型村庄转变，由温饱型村庄向富裕型村庄转变，彻底改变小岗村的对外形象，把小岗村建设成为中部地区新农村建设的典型代表、中国工农业旅游示范点、著名的乡村旅游目的地①。

从 2005 年起，小岗村先后建起了大包干纪念馆②、“当年农家”、文化广场等设施。大包干纪念馆真实再现了当年“大包干”从酝酿到发生、发展的历史过程，馆内分为主展厅、多功能厅、附展厅、餐厅等部分。“当年农家”以保存完好的茅草房、瓦房、厨房、猪圈、牛棚、茅厕等部分组成的农家院落为载体，通过生产、生活用具等实物展示，再现了 20 世纪七八十年代的生产、生活场景，让人们穿越时空，收藏时间，留住记忆。小岗村文化广场包括雕塑、紫藤长廊、邓塘、生态停车场，占地面积为 1.56 万平方米，是村民休闲、娱乐和举办大

① 王启虎，苗传宝．凤阳小岗村未来十年将大力发展乡村旅游［EB/OL］．安徽省凤阳县旅游局，2007－11－27。

② 大包干纪念馆于 2005 年 6 月 19 日开工，2006 年 6 月竣工。该馆投资 350 万元，分别由省、市、县三级政府出资。大包干纪念馆的馆名是由原安徽省委书记、原全国人大常委会委员长万里题写。纪念馆由中国科学院院士、著名建筑师、东南大学齐康教授设计。

型活动的场所。小岗村日接待游客量达到1 000多人，农家乐示范户日接待游客近200人次，吃乡村土菜，宿农家院，体验农家乐，小岗村旅游日创收2万多元[①]。2006年，小岗村跻身2005年度“全国十大名村”。2006年10月，小岗村被评为安徽省历史文化名村。2007年，小岗村被安徽省旅游局确定为滁州市唯一一个农家乐旅游示范村。

四、2011—2015年的经济发展情况

“十二五”期间，小岗村经济发展取得了一定的成果，主要得益于安徽省人民政府推进的“美好乡村”建设规划。

（一）经济发展概况

小岗村“十二五”规划的总体目标是：小岗村将以“百亿小岗”为抓手，进一步把握机遇，不断加快发展步伐，到2015年，实现工农业总产值100亿元，旅游业和第三产业总收入5亿元；累计完成招商引资30亿元；农民人均纯收入争取达到15 000元；争取到2020年，把小岗村建设成为以小岗为中心的10平方千米经济区和聚集10万人口的社会主义新农村。主要功能区划分为：小岗村石马以南作为全村现代农业区；石马以北至京沪铁路以南为小岗村核心功能区，主要发展旅游经济、会务经济；京沪铁路以北到307省道规划5平方千米的工业园区；307省道以北至南洛高速作为物流区[②]。

小岗村确立了“三步走”的发展战略：一是调整产业结构，发展现代农业。初步形成以从玉万亩蔬菜深加工、郑飞粮食全价值链产业园、宝迪10万头种猪养殖基地为重点的现代农业产业集群。大力进行绿色产业（蔬菜、水果和花卉）、高收益经济作物和甜叶菊种植加工的三元结构调整。支持现有养猪场的发展，扶植新型养猪产业，并酌情发展生猪养殖的配套产业，完善产业链。建成高科技葡萄示范园、梨树示范园。二是加快基础设施建设，发展小岗村旅游业。优化建设“大包干”纪念馆、“当年农家”、葡萄园、村文化广场等景点，建设农家乐休闲场所。提高小岗村AAAA级旅游风景区的吸引力，接待游客人数创新高。三是发展工业项目，办好工业园。小岗村已形成“一核、

---

① 郭献文，宋振远，蔡敏．土地自愿流转“中国改革第一村”改革试验再破茧［N］．瞭望，2008-10-06.

② “十二五”规划的详细内容参见《凤阳县小岗村经济和社会发展十二五规划》。

一区、一片、多点”的产业分布格局：“一核”指小岗村服务业集中建设区，重点打造文化休闲产业、商贸服务产业和旅游相关产业所集聚形成的产业发展集聚核；“一区”指小岗村工业园区；“一片”指以从玉菜业（图 1-8）、大棚西瓜（图 1-9）等高效农作物种植为依托的现代农业观光片；“多点”指特点鲜明的农业基地，如葡萄种植基地、食用菌种植基地等。

图 1-8　从玉菜业

图 1-9　大棚西瓜

“十二五”期间，小岗村累计完成固定资产投资18.5亿元，有力促进了经济快速健康发展。2015年，小岗村农民人均可支配收入约为14 700元，年均增长11.83%（图1-10）；小岗村集体经济由2012年的410万元增长到2015年的670万元（图1-11）；2015年，小岗村工农业总产值达8.27亿元，比2012年增加了2.47亿元，年均增长12.55%（图1-12）。

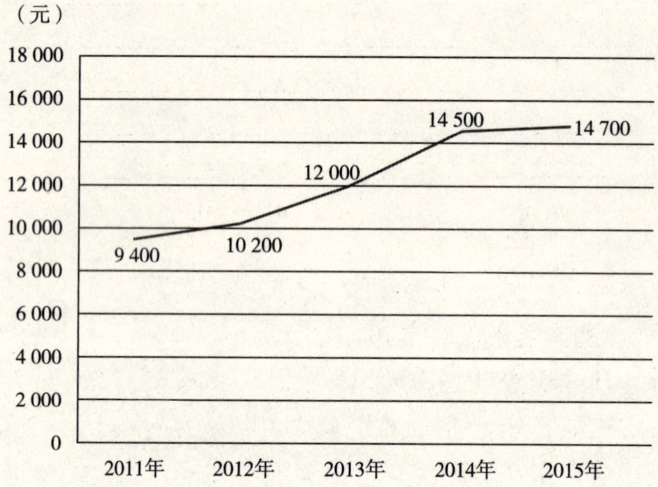

图1-10　2011—2015年小岗村人均可支配收入

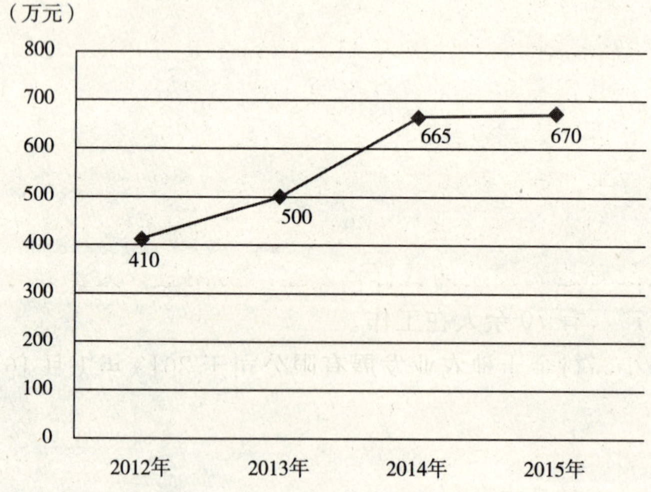

图1-11　2012—2015年小岗村集体经济

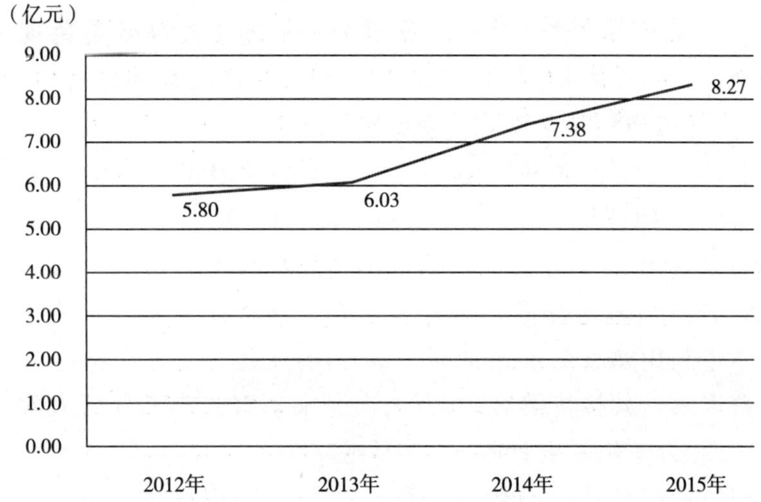

图 1－12　2012—2015 年小岗村工农业总产值

（二）产业初具雏形，经营难以持续

小岗村累计注册企业达 12 家，分为 6 种类型，其中：村属企业 1 家，农产品加工业 3 家，养殖业 1 家，种植业 4 家，培训服务业 2 家，矿产资源加工业 1 家，逐渐培育了家庭农场、合作社、集体企业及现代农业企业等多样化的农业经营主体，初步形成了以“现代农业企业为核心，服务业为提升”的现代农业园区雏形。金小岗现代农林科技产业园包含矮化大樱桃基地、蓝莓基地、树莓基地、接骨木基地，形成了集种植、销售、观光于一体的生态农业种植园。然而，除了个别家庭农场的经营状况较好以外，大部分家庭农场的经营状况不容乐观。如小岗宝迪种猪科技有限公司的原种猪项目年存栏 3 万头、出栏 7 万余头，同时拥有年产量 6 万吨的饲料加工厂等，2015 年营业收入达2 300万元。GLG 产业园（现已更名为小岗村洪张健康产业园）2012 年之后的经营业绩没有达到预期的目标，多座厂房闲置，大多数时候只有一个车间在生产，有 70 余人在工作。

凤阳县小岗村金土地农业发展有限公司于 2013 年 1 月 16 日正式成立，注册资金9 000万元，是集粮食加工、仓储、贸易、优质小麦繁育、种植、产业化经营于一体的大型股份制企业。公司下属凤阳县小岗村粮油食品发展有限公司（小岗面业）、安徽小岗村物美商贸发展有限公司、凤阳县顺通面粉有限公司、凤阳县成长种植专业合作社和凤阳县丰源贸易经营部，实行"公司＋合作社＋农户"的发展模式，同时开发新品种，建设集观光、休闲、旅游为一体的生态高效特色现代农业生产基地①。

（三）旅游持续升温，品牌意识增强

由于以"全国优秀共产党员"——沈浩为原型的电视连续剧《永远的忠诚》在CCTV－1综合频道播出，2011年6月26日小岗村首次突破单日游客数量1万人次，创下小岗村单日游客接待人数的最高纪录②。近20所知名高校将小岗村确定为大学生社会实践基地，每年几千名大学生利用寒暑假前来调研。2014年9月1日，小岗村游客中心正式运营以来，共接待游客19万人次、乘坐观光车6.3万人次、停车场停车1.94万车次，合计收入53万元。

小岗村积极打造红色旅游品牌。一是旅游项目多元化。"当年小岗""大包干纪念馆"被列入全国红色旅游经典景点名录，沈浩同志先进事迹陈列室（图1－13）建设完成。金小岗农林科技产业园规划占地面积1.53平方千米，建成3 000平方米的组培中心、10 000平方米的训

图1－13　沈浩同志先进事迹陈列室

① 见凤阳县小岗村金土地农业发展有限公司网址（http：//www.cnxgjtd.com）。

② 陈勇．小岗村旅游区单日接待游客突破万人［EB/OL］．凤阳县人民政府门户网站(www.fengyang.gov.cn)，2011－06－27。

化大棚、近 40 个品种的葫芦观光长廊和婚纱摄影基地，丰富了旅游项目。二是旅游基础设施健全化。道路和社区全面绿化、美化、亮化，进一步完善小岗村旅游基础设施，提升小岗村旅游接待服务水平①。

除了积极打造红色旅游品牌之外，小岗村开始关注“小岗品牌”的价值。2012 年 6 月，小岗村创新发展有限公司正式揭牌成立，注册资金3 150万元。作为“村企一体”的经济组织，该公司是村集体所有的新型投融资平台和经营实体，利用小岗村独特的资源和品牌，努力拓展投资、融资和经营业务领域。

五、2016—2018 年的经济发展情况

2016 年是“十三五”的开局之年，小岗村积极制定发展规划，期望在全面建成小康社会的 2020 年，经济社会发展能够取得重大进展。然而，“计划不如变化快”，2016 年下半年启动的小岗村“三年大提升”计划推动着小岗村经济快速发展。到 2018 年末，小岗村经济发展取得了显著成效。

（一）科学设计，谋划“十三五”

小岗村“十三五”发展的主要目标，即推动实现“12345”目标：一个总目标是如期全面建成小康社会；在 2014 年的基础上实现村集体收入和村民人均可支配收入“两个翻番”；石马、严岗和小岗核心区三个村民新区全面建成；建设农村改革先行区、现代农业示范区、AAAAA 级旅游风景区、美丽乡村样板区“四个区”；打造改革创新形象美、产业优化发展美、群众富裕生活美、村容整洁环境美、文明和谐乡风美的“五美”新小岗。2020 年末，小岗村预计实现工农业总产值 16.61 亿元，年均增长 15%；村民人均可支配收入29 560元，年均增长 15%；集体经济收入1 660万元，年均增长 20%。

确立“1255”的总体发展思路：以“打造现代农业示范区，培育发展新动力”作为小岗村经济发展的一条主线；以“现代农业”与

① 2011 年 6 月 28 日下午，小岗村召开乡村旅游区规划评审论证会。与会者从规划的可行性、发展定位、民风民情、规划要求等方面提出了意见和建议，并就规划的发展目标、关系衔接与旅游资源整合等方面展开热烈讨论，提出了许多合理的建议，为景区规划及各专项规划的修编工作进一步拓宽了视野。参见凤阳县人民政府门户网站（www.fengyang.gov.cn）发布的资料。

“现代旅游服务业”作为统领发展的两大支撑产业；实施“产业链条延伸”“产业层次融合”“小岗品牌上市”“园区空间互动”“开放链接合作”五大战略任务；推动“内生动力”“品牌形象”“产业发展”“民生保障”“组织建设”五大提升。产业发展大提升主要是：以农业产业化龙头企业为带动，大力发展现代农业，把小岗村打造成为设施农业、生态农业、旅游农业的综合体和现代农业的大观园。主动对接农业产业化龙头企业和科研院所，建立创业项目库，聘请创业指导员或技术顾问，促进产业发展大提升①。总体来看，小岗村“十三五”规划对未来五年的发展进行了精心设计，但是实现规划目标仍有很大的难度。

（二）全力投入，推动“三年大提升”

2016 年 4 月 25 日，习近平总书记视察小岗村。在安徽省领导高度重视下，滁州市委、市政府制定了“抓小岗促全市”实施方案。2016 年 7 月 31 日下午，时任滁州市委书记李明深入小岗村调研，并主持召开小岗村“三年大提升”座谈会，提出：要坚持不懈抓好小岗村“三年大提升”，“抓小岗带全市”，推动“三农”工作开创新局面；要积极运用好中央和省、市“三农”优惠政策措施，立足小岗村实际情况，不断深化农村综合改革，使改革与服务“三农”结合起来，与小岗村发展情况结合起来，整合资源，形成合力，努力积累新时期农业农村工作的新经验。凤阳县委、县政府开展了推进小岗村“三年大提升”行动，并出台了实施意见。

小岗村“三年大提升”确定实施 136 个项目，其中深化农村改革类 7 项、推进产业发展 52 项、完善基础设施 28 项、发展社会事业 22 项、加强组织建设 27 项、市县共建项目 50 项。小岗村“三年大提升”工作关键在于产业提升，核心在于农民增收，动力在于改革创新，内涵在于文化引领，根本在于组织建设。小岗村要实现“三年大提升”，一定要依靠现代农业和农产品加工业“两轮驱动”，凭借科技引领和改革创新“双翼提升”，围绕农田标准化、种植科学化、经营规模化、服务社会化、农民职业化、农业产业化、村民居住城镇化全面发力，努力提升小岗村品牌形象。

加快发展小岗村现代农业，引导广大村民树立现代农业发展理念，

---

① 小岗村“十三五”规划的内容见《凤阳县小岗村经济和社会发展十三五规划》。

坚持以现代农业发展理念改造传统农业，加快推进农业转型发展，增强竞争力；加快第一产业、第二产业、第三产业融合发展，努力探索“互联网＋”模式，闯出一条产出高效安全、资源集约、环境友好的现代农业发展道路；大力培育农业大户、致富带头人，不断增加农民收入；进一步改善小岗村交通条件，大力发展小岗村旅游事业和小岗村农产品深加工产业园项目。

围绕农业产业转型升级的现实需求，小岗村不断加强与高校、企业的紧密合作。2016年12月8日上午，小岗村“三年大提升”首批集中签约项目有盼盼集团食品加工、皖农新能源、北京恩源科技“互联网＋”农合组织公共服务平台、小岗徽银现代农业改革支持基金等6个项目，总投资超过20亿元。同时，集中开工项目5个，总投资4.65亿元，包括小岗村农产品深加工产业园PPP项目、S342大溪河至清塘道路建设工程、凤阳丰兴源农业发展有限公司建设项目等[①]。

小岗村作为大学生村官培训基地，坚持把提升农村实用人才和大学生村官素质、培养社会主义新农村建设的带头人作为重中之重。2013—2016年，小岗村共完成培训35期，培训学员3 535人。学员分别来自贵州、广东、上海、湖北、湖南、河南、江西、安徽等12个省(市)。

2016年，小岗村游客接待量超过85万人次，比2015年增加12万人次；实现集体经济收入680万元；实现农民人均可支配收入16 169元，比上年增长9.5%，分别比全国、全省平均水平高3 806元和4 449元。

小岗村已完成或正在推进的改革试点项目共12个。2016年底，小岗村全面完成9.07平方千米土地承包经营权的确权登记颁证工作，发放证书875本，发证率达100%；完成小型水利工程管理体制改革，对符合确权颁证条件的110个小型水利工程，全部发放了所有权证书、使用权证书、管理维护责任书。2016年，小岗村的种粮大户们积极流转土地，多种粮、种好粮，不辜负总书记的殷切嘱托。到2017年初，小岗村已流转土地6.67平方千米，占全村耕地面积的61.2%；完成小岗村农村宅基地和农房确权、权属调查、分户测绘工作；开展农村土地

① 凤阳县小岗村三年大提升工作简报（第6期），2016-12-21。

承包经营权抵押贷款试点，发放14户抵押贷款75万元，并逐步向全县推广。小岗村新增市级示范家庭农场1个、合作社2个。全村共培育合作社20个、家庭农场3家、龙头企业2家。

加快高标准农田建设。安徽农垦集团着力把小岗村高标准示范点打造成为省内领先的现代生态农业产业化建设示范区。2017年3月31日，小岗村高标准农田建设项目正式进场施工。该项目总投资为1 050万元，主要建设水利、农业、林业、道路等设施。为了使小岗村高标准农田建设项目顺利实施，政府将农户土地登记造册，治理后再按实有面积“同增或同减”分配给农户。谋划在前，大大减少工程建设中的各类矛盾；上下联动、部门配合，提高效率，不误农事。小岗村土地治理项目是2017年招标建设的项目。同年3月31日，已有14台机械进场作业，确保6月10日前完成土地平整，不误插秧①。

推进集体资产股份合作制改革和“资源变资产、资金变股金、农民变股东”的“三变”改革试点。从2016年10月开始，小岗村启动集体资产股份合作制改革，创新村集体经济组织管理体制和运营机制，建立现代农村集体经济产权制度，对集体资产进行量化，设置股权到人，让村民参与利润分红。这样实现了村民从“户户包田”向村集体资产“人人持股”的转变，激活沉睡已久的“小岗村”，对“小岗村”品牌等部分无形资产进行评估登记，让小岗村村民成为品牌股东，并折算成3 026万元（按界定的集体经济组织成员数1 028户、4 288人，人均705股，每股10元分配），入股小岗村创新发展有限公司，占49%的股份。同时，所持股份委托小岗村创新发展有限公司开展经营活动，所获分红收益主要用于村民的医疗、养老保险及其他社会福利、公益事业②。

搭建小岗村“互联网＋”农合组织公共服务平台。北京恩源科技“互联网＋”农合组织公共服务平台于2016年12月8日正式与凤阳县签约，并与小岗村创新发展有限公司合作成立凤阳小岗村科技有限公司。小岗村科技有限公司每年给小岗村支付该公司纯利润的5%，作为“小岗村”品牌使用费，并将首期50万元品牌使用费汇入了村民集体持

---

① 凤阳县小岗村三年大提升工作简报（第14期），2017-04-19。

② 凤阳县小岗村三年大提升工作简报（第4期），2016-12-20。

股的小岗村创新发展有限公司账户。2017 年 2 月，小岗村科技有限公司“互联网+”农合组织公共服务平台举行启动仪式，来自吉林等 12 个省的 32 家农合组织签订了加盟协议，小岗村十几种优质农产品通过平台找到了客户，交易额达到 16 万元。小岗村“互联网+”农合组织公共服务平台定位于农业行业全产业链公共服务平台，以小岗村为中心，以 O2O 作为市场切入点，力争将小岗村打造成农业、农村、农民的互联网时代新标杆①。

开发红色旅游和观光农业。为了更好地打响小岗村红色旅游品牌，延伸旅游产业链，发展壮大旅游经济，小岗村正在积极创建国家 AAAAA 级旅游景区。在“大包干”纪念馆、沈浩先进事迹陈列馆、“当年农家”等的基础上，逐渐扩大安徽小岗干部学院的影响力，努力打造旅游休闲度假区和特色休闲农业示范区。2016 年以来，凤阳县成立小岗村创建国家 AAAAA 级旅游景区工作领导小组，编制完成小岗村创建 AAAAA 级旅游景区总体规划和提升规划。

2017 年 2 月，小岗村入选第二批安徽研学旅行基地。2017 年 4 月，小岗村获批安徽省级首批旅游小镇创建示范单位。小岗村的农字招牌则突出观光农业。在凤阳金小岗农林科技产业发展有限公司里，蓝莓与车厘子园正在培育新苗，这里将形成集观光、采摘于一体的科技农庄。2017 年 4 月 1 日至 10 日，小岗村举办首届梨花节，活动期间推出民间歌舞、梨花摄影、梨花美食品尝、蓝天风筝飞舞等多项主题活动。总之，小岗村已初步具备创建 AAAAA 级旅游景区的基础条件。

2017 年 4 月 25 日，小岗村“三年大提升”第二批集中签约 9 个项目，总投资超过 80 亿元。包括正大集团投资 40 亿元建设 100 万头生猪养殖、屠宰、深加工全产业链项目；国家电力投资集团投资 40 亿元建设 800MW 渔光互补发电项目；凤宝粮油食品有限公司投资 3 亿元建设谷物深加工项目；小岗村创新发展有限公司与常州塞拉弗公司合作，投资 1 亿元建设光伏组件制造项目；等等。集中签约项目主要围绕农产品深加工、光伏产业、基础设施建设等，项目投资规模大、带动能力强、产业前景好，有助于加速推进小岗产业园建设，推动第一产业、

① 韩延龙．小岗“互联网+”农合组织公共服务平台项目启动 30 家代理商成功签约 [EB/OL]. 凤阳县先锋网（http://www.fyxf.gov.cn/xianfengyaowen/2017-02-04/93287.html），2017-02-09。

第二产业、第三产业融合发展。

加快小岗产业园建设速度。经省政府批准设立的小岗产业园总规划面积5平方千米。凤阳县人民政府专门出台文件，明确入驻小岗产业园的企业，除享受全县的招商引资优惠政策外，还将享受额外的扶持政策；甚至还组建一套班子，明确专人负责，开辟绿色通道，竭力做好各项服务保障工作，加快项目建设速度。2017年4月25日，由福建盼盼食品集团投资兴建的农副产品精深加工基地——安徽省小岗盼盼食品有限公司正式开工，项目投资额为10.6亿元，占地面积为18.67万平方米，建筑总面积为15万～20万平方米（包括现代化生产车间、产品检测检验和研发中心及相关现代化配套服务设施），引进国内外先进设备和自动化生产线，主要生产烘焙、膨化、曲奇、威化、薯类、起酥类等健康休闲食品，项目达产后可实现年精深加工马铃薯、玉米、小麦、大米、大豆、花生、鸡蛋等各类农副产品20万吨。

（三）深化改革，取得显著成效

2018年是改革开放40周年，对小岗村而言，注定是不平凡的一年。小岗村“大包干”作为开启中国农村改革的标志性事件，注定是改革开放40周年系列活动中的重要组成部分。2018年12月18日在庆祝改革开放40周年大会上，党中央、国务院授予100名同志改革先锋称号，颁授改革先锋奖章，在这100人的“改革先锋名单”中，农村改革的先行者——小岗村“大包干”带头人是唯一的集体。党和政府给了小岗村人至高无上的荣誉。

40年来，小岗村一直走在改革的大路上，从土地大集体的“合”到大包干的“分”，再到土地流转集中“合”起来适度规模经营，这些生动的改革实践契合了农村生产力发展水平不断提升的时代背景。从集体土地产权的模糊到土地确权颁证的“红本本”明确了农民的土地权属，再到农村“资源变资产、资金变股金、农民变股东”的“三变改革”明确集体经济产权，村民能够分享集体经济发展的红利。小岗村的改革取得了一个又一个突破，产生了显著的经济成效。

改革壮大集体经济，村民收入增速快。集体经济收入主要依托小岗村品牌使用费、参股和控股公司利润分成、旅游业收入等方面。2016年小岗村集体经济收入为680万元，2017年增长了近21%，达到820万元；2018年达到了1 020万元。2017年，小岗村旅游业收入超过5 000万元，2018年接待游客达到102万人次，旅游业收入达到1.6亿元。2017 年小岗村第一次开展集体经济收益股权分红，根据集体资产股份合作社分红方案，村民持凤阳县小溪河镇小岗村集体资产股权证，按照每位村民（股民）350 元的额度领取集体经济收益股权分红。2018 年的第二次分红，全村4 361人共计分红 226.8 万元，每位村民（股民）520 元。分红金额同比增长近五成。小岗村人均收入增长较快，村民的腰包鼓起来了。2016 年，村民人均可支配收入为16 169万元；2017 年增长 12%，人均可支配收入达18 106元；2018 年增长 16%，人均可支配收入达21 020元。

土地集中流转比例高，高标准农田建成多。土地确权为土地流转提供了基础。2015 年 7 月 8 日，安徽省农村土地承包经营权证第一证在小岗村颁发，全村 1.36 万亩土地承包经营权确权登记发放证书 875 本，发证率达 100%，确定了土地的承包权属。到 2018 年底，小岗村 61.2%的耕地面积已流转。凤阳金小岗农林科技产业发展有限公司 2 300亩园区建设已初具规模，形成了工厂化育苗、标准化种植与示范推广的一体化现代农业产业园区。安徽农垦小岗现代农业发展有限公司经营高标准农田，示范推广农垦新品种、新技术、新机具、新模式。2018 年 12 月 18 日，小岗村开工的田园综合体高标准农田项目，计划投资2 934.51万元，主要用于水利设施、农业设施、道路工程、林业设施等建设。该项目建设完成意味着小岗村区域内的耕地将基本成为高标准农田。

现代农业发展快，经营主体多样化。新型经营主体培育成效显著，现有合作社 20 个、家庭农场 3 家、龙头企业 2 家。2018 年 8 月，致富能手——村民殷玉荣组织 18 户农民成立民益土地股份合作社，制定《民益土地股份合作社章程》，合作社与村民签订了土地入股合作协议。按照“小田变大田”的种养模式，探索稻虾共生混养模式。村民程夕兵牵头成立凤阳县小岗村农业农机专业合作社，购买耕种、收割设备以及烘干设备等农用机械，建立农机大院，注册了“小岗村程夕兵大米”商标，正在筹建一个育秧室和米厂。合作社致力于发展现代农业，带动村民共同致富。退伍军人杨伟注册成立了小岗村新时代家庭农场，在尝试流转 20 亩地种植大棚西瓜和蔬菜后，开始转向种植草莓。正准备扩大种植面积，集中种植草莓、葡萄以及稻虾混养有机水稻，利用电商扩大销售规模，今后还准备筹建农家乐餐馆，实现农业采摘、观光、餐饮的融合发展。

品牌价值彰显，合作方式多元化。2018年10月28日，小岗村发布了“大包干”区域公共品牌的LOGO与广告语——“小岗精神造好饭”，京东旗舰店同步售卖“大包干”蒸谷米，开启了更多“大包干”系列商品的电商之路。2018年小岗村密集与合作单位签署协议，小岗村创新发展公司、小岗村科技有限公司分别与安徽明光酒业、济南源宿商务服务有限公司、江苏太象电力有限公司、安徽国祯环卫科技有限公司、深圳安徽商会服务中心、安徽军工集团芯核防务装备技术股份有限公司等签署合作协议。小岗村与蚌埠市花卉协会签署合作协议，帮助小岗村发展花卉种植产业。小岗村创新发展有限公司与浙江国匠文旅发展有限公司签署协议，合作组建安徽小岗国匠规划研究院有限公司。小岗村创新发展有限公司与雨润园林绿化有限公司签署协议，组建凤阳县小岗村园林绿化工程有限公司，新公司小岗村占股51%、雨润园林公司占股49%。小岗村还分别与深圳易事特电源股份有限公司签订合作协议，与北京云起投资公司签订“幸福乡见”田园综合体项目合作协议。

股权证书作抵押，服务融资需求。2018年11月16日，全国农村集体产权制度改革试点推进会在南京召开，会上首次为10个新成立的农村集体经济组织颁发登记证书，农业农村部部长韩长赋为凤阳县小岗村集体资产股份合作社颁发了农村集体经济组织登记全国第一证。小岗村利用颁发给村民的集体资产股权证书作为抵押，联合县级金融机构开发了“兴农贷”。小岗村创新发展有限公司与中国农业银行凤阳县支行、凤阳县中都融资担保公司合作，设立小岗村风险补偿基金，按照3∶4∶3的比例分担贷款风险，小岗村首期出资200万元。“兴农贷”对小岗村全体村民授信，村民以村集体资产股份合作社股权证为质押，村集体为村民背书，建立风险共担机制。

2018年小岗村风险补偿基金合作额度为8 000万元，农民单次贷款额度为3 000元至10万元，贷款利率执行银行同期基准利率，贷款期限最长1年，可随借随还。首批9户贷款农户获得90万元。另外，小岗村还与安徽农业担保公司合作实施“劝耕贷”，主要服务新型农业经营主体，如种养大户、家庭农场、农民专业合作社等。首批5户新型经营主体获“劝耕贷”85万元。总之，农村集体产权制度改革，实现了村民变“股民”，推动普惠金融在农业发展过程中的新探索。

其他工作也在不断取得新突破。2018年12月10日，根据《科技部办公厅关于第八批国家农业科技园区建设的通知》，全国唯一以村命名的国家农业科技园区——安徽小岗国家农业科技园区正式获批，小岗村必须率先做好农业科技这个新课题。2018 年，小岗村以控股、参股、合作经营等方式成立了小岗旅游、新能源等 8 个村下属公司。小岗村在美丽乡村博鳌国际峰会上被授予“全国百佳乡村旅游目的地”称号。规划中的小岗农产品深加工产业园占地面积为 5 平方千米，到 2025 年建成运营，预计产值达到 100 亿元，预计税收收入达到 10 亿元，预计用工规模达到 2 万人以上。

小岗村未来将建成一个 5.86 平方千米的农村改革小镇，实现产业融合发展，成为生产、生活、生态融合的全域田园综合体；聚力搭建现代农业、农副产品加工产业园、旅游景区、培训和教育、集体经济和品牌运营“五个平台”；打造创新小岗、美丽小岗、实力小岗和幸福小岗。

第四节　小岗村经济发展简评

一、经济发展寻求亮点

中国农村改革第一村——小岗村的发展始终受到党和国家领导人的高度关注。1980 年 1 月 26 日，时任安徽省委第一书记的万里来小岗村视察，旗帜鲜明地支持“分田到户”。后来，万里任国家农委主任、国务院副总理，成为家庭联产承包责任制在全国推行的重要政策制定者。1985 年 5 月，时任国务院副总理的万里视察凤阳县。让人有点意外的是，万里并没有到小岗村去，但是，没有去并不等于不关心小岗村。实际上，万里多次提及：“要告诉小岗村农民，带头搞了包田到户，在中国农村改革中做出了重要贡献，应该肯定；但不要为此而骄傲自满，故步自封。要善于发现自己的不足之处，要看到‘温饱容易、致富难’。希望他们要继续发扬自力更生精神，学习先进地区经验，努力提高文化科学技术水平，在致富道路上也能走在前面。”① 显然，万里一直十分关注小岗村经济发展情况。

① 张广友．抹不掉的记忆：共和国重大事件纪实［M］．北京：新华出版社，2008：234.

但是，小岗村“大包干”之后的二十年间经济发展速度较慢。到1997年，小岗村适龄儿童还没有全部入学，上中学的更是很少。村民对教育的认识停留在“庄稼人靠劳动吃饭，读不读书没有多大关系”的层面上①。

在党的十一届三中全会召开20周年前夕、改革开放20周年之际，1998年9月22日下午，时任中共中央总书记、国家主席江泽民视察小岗村，谈道：“我过去虽然没有来过小岗，但我一直很关注小岗，因为邓小平同志开创和领导的改革开放事业，首先是在农村开花结果的，而小岗村又是率先进行农村改革的。家庭承包经营这一政策，要长期坚持下去，是不会改变的！”“中央的土地承包政策是非常明确的，就是承包期再延长30年不变，而且30年以后也没有必要再变。”

在党的十一届三中全会召开30周年前夕、改革开放30周年之际，2008年9月30日下午，时任中共中央总书记、国家主席胡锦涛视察小岗村，说道：“以家庭承包经营为基础、统分结合的双层经营体制是党的农村政策的基石，不仅现有土地承包关系要保持稳定并长久不变，还要赋予农民更加充分而有保障的土地承包经营权。”“要根据农民的意愿，允许农民以多种形式流转土地承包经营权，发展适度规模经营。”“随着国家经济发展和财力增加，中央将不断加大强农惠农政策力度，大幅度增加对农业、农民、农村的投入，促进农业发展、农民增收、农村繁荣。”胡锦涛沿着田埂地坝走进水稻田和黑豆地，仔细察看饱满的稻穗和即将成熟的豆荚，并同正在田间劳作的几位村民聊起农事；考察双孢菇种植基地，参观二十世纪七八十年代的茅草屋和砖瓦房、大包干纪念馆、双孢菇大棚，并走进按“红手印”的十八人之一的关友江家，同乡亲们拉起家常。胡锦涛表示，中央对提高广大农民生活水平高度重视，将继续采取一系列有效的政策措施，积极推动社会主义新农村建设，不断改善农民生产和生活条件，不断提高农民收入水平，让广大农民共享改革发展成果，最终实现共同富裕。显然，小岗村农民的生活条件还有很大的提升空间。因此，胡锦涛意味深长地说：“希望大家齐心协力，努力把农业生产搞上去，把文化生活搞丰

① 张广友.30年前：凤阳的崛起与昔阳的失色［N］. 农民日报，2008-10-26.

富，把村庄环境搞整洁，使日子过得一天更比一天好！”[①]

2016年4月25日，习近平总书记视察小岗村时，主持召开农村改革座谈会并发表重要讲话。习近平强调，中国要强农业必须强，中国要美农村必须美，中国要富农民必须富。全党必须始终高度重视农业、农村、农民问题，把“三农”工作牢牢抓住、紧紧抓好，不断抓出新的成效。解决农村发展面临的各种矛盾和问题，根本是要靠深化改革。新形势下深化农村改革，主线仍然是处理好农民和土地的关系。必须坚持和完善农村基本经营制度，坚持农村土地集体所有，坚持家庭经营的基础性地位，坚持稳定土地承包关系；要抓紧落实土地承包经营权登记制度，真正让农民吃上“定心丸”；完善农村基本经营制度，顺应农民保留土地承包权、流转土地经营权的意愿，把农民土地承包经营权分为承包权和经营权，实现承包权和经营权分置并行；要尊重农民意愿和维护农民权益，把选择权交给农民，由农民选择而不是代替农民选择，可以示范和引导，但不搞强迫命令、不刮风、不一刀切。这是农村改革又一次重大的制度创新。加快农村发展速度，要紧紧扭住发展现代农业、增加农民收入、建设社会主义新农村3大任务[②]。习近平走进吴广利和当年大包干带头人严金昌两户人家，询问家庭成员就业、上学情况，了解他们用临街房屋开办小超市和农家乐的状况；并考察了高标准农田示范点，走进麦田，察看小麦长势，向村干部、种粮大户和农技人员了解土地流转、农田整理、种植品种、亩产量、病虫害防治、粮食收购等情况。

二、人均收入有待提高

“大包干”的实施有力地推动了小岗村农民人均收入短期快速增长，农村家庭联产承包责任制的全面推行，释放了农村的生产力，奠定了农民人均收入在20世纪80年代中期之前快速增长的基础。小岗村大包干释放的活力表现在：人均收入从1978年的22元增加到1979年的400元，增长了18倍之多；从1978年人均收入仅为全国的16.4%，到1979年超过全国的150%。在大包干初期，小岗村人充分享受了制

① 孙承斌．江淮金秋话农事——胡锦涛总书记在安徽农村考察纪实［N］．光明日报，2008-10-01（01）．

② 习近平在小岗村主持召开农村改革座谈会，新华社，2016-04-28．

度变革带来的活力，人均收入保持在较高的水平。

然而，此后十多年间，小岗村人的生活虽然有了明显的变化，但是人均收入徘徊不前。1988 年，小岗村人均收入还没有突破 500 元，而全国农民人均收入已达到 545 元。直到 1992 年，小岗村人均收入才达到 500 元。1998 年，小岗村人均收入为1 800元，这一数字仅为全国平均水平的 85%，比安徽省农民人均收入还低。一直到 2003 年，小岗村人均收入达到2 300元，才再次超过安徽省农民人均收入（2 127元）。到 2004 年，小岗村人均收入达到3 500元，是全国农民人均收入2 936元的 1.2 倍，是安徽省农民人均收入2 499元的 1.4 倍。2008 年，原小岗村的人均收入达到6 600元，新小岗村的农民人均收入达到4 880元（2008 年 3 月，原小岗村与相邻的石马村、严岗村合并，成立新的小岗行政村），高于安徽省的4 202元、全国的4 761元。此后，小岗村农民人均收入开始持续快速增长。到 2011 年，小岗村农民人均收入达到8 400元，是全国农民人均收入6 977元的 1.2 倍，是安徽省农民人均收入6 232元的 1.3 倍。到 2015 年，小岗村农民人均收入达到14 700元，是全国农民人均收入10 772元的 1.365 倍，是安徽省农民人均收入10 821元的 1.358 倍。2016 年，小岗村实现集体经济收入 680 万元，实现农民人均可支配收入16 169元，分别比全国、全省平均水平高3 806元和4 449元。

从以上分析可以看出，在“大包干”开始实施的初期，小岗村人均收入远高于全国、安徽省农民人均收入水平。然而，此后一直难以提高，主要是因为大包干所带来的制度变革的活力释放殆尽，而小岗村人的生产经营活动一直依赖一家一户的单干模式，缺乏农业生产经营的组织化、现代化。进入 21 世纪，小岗村人开始重新思考和认识大包干，剖析为什么屡次错过了发展机遇。这才有了尝试农村土地流转、试办工业企业、开发旅游项目、发展现代农业等活动，尤其是沈浩同志到小岗村挂职，更是恰逢其时，全面推动了小岗村发展。然而，令人十分遗憾的是，随着沈浩同志的逝世，小岗村经济发展又面临全新的问题，人均收入增长也受到了一定的影响。虽然后来者也在努力推动小岗村经济发展，但是此后的五六年间成效不是很明显。2016 年 4 月，习近平总书记视察小岗村后，省、市、县再次助推小岗村发展，“三年大提升”行动计划开始实施，并逐渐取得一定的成效。

三、经济发展需要能人引领

任何组织的发展都离不开能人的引领，尤其是组织初建和发展的阶段。当组织发展达到较为成熟和稳定的阶段，能人的作用才会有所降低。村庄经济发展毫不例外地需要能人来引领，江苏华西村的吴仁宝、河南南街村的王宏斌、山东三元朱村的王乐义等，都是这样的能人。正是在这些能人的带领下，这些享誉国内外的村庄才取得令人瞩目的经济成就，成为中国农村社会中的佼佼者，也成为其他村庄学习的榜样。这些能人在长期的农村经济发展实践中脱颖而出，在村庄发展中扮演着举足轻重的角色，成就了其在农村社会的地位。他们大多具有丰富的阅历，较高的文化修养，强大的组织能力和实践能力，丰富的管理经验。尤其可贵的是，这些人普遍具有独立思考的能力，对村庄发展、经济发展有着自己独特的思想认识，并通过各种努力获得村民的认同和支持，能够将所有村民组织起来。显然，这些人能够把自己的智慧、经验、能力和农村社会经济发展的大势结合起来，他们比一般的农民更具备丰富的管理能力和企业家精神，对国内外市场变化和政治环境的变化更为敏感，具有强烈的开放意识、求新思变精神和创业愿望，在农村社会具有极强的号召力。各种因素组合在一起，一方面成就个人，另一方面促进村庄经济发展。

小岗村经济发展过程中缺乏有能力的人物引领方向。众所周知，“分田到户”使得各种生产要素分到个人名下，产权关系十分清晰。然而，一家一户单干模式的小农经济所释放的能量是极为有限的。这时就需要能人介入，要有权威人物作为领头人，重新整合各种生产要素，实现农户经济收入持续增长。

2004 年 2 月，沈浩来到小岗村挂职担任村党支部第一书记，他首先进行调研，“一家一户吃顿饭”，一个多月，把全村 108 户跑了两遍，摸清了小岗村的家底。“融入小岗，了解民意，踏踏实实干几件事，让村民了解自己、认识自己。”为改变村里友谊大道东边泥巴路“雨天一身泥、晴天一身灰”的状况，沈浩跑上跑下争取支持，终于得到 50 万元帮扶资金用来修路。多年无人敢过问的属于村集体的 20 多间房屋被几户人家强占，沈浩不怕难，敢碰硬，终于拿回村集体财产。同时，他很快完成从“城里人”到“村里人”的角色转变：冬天，穿上村里 5 块钱买的老棉鞋；谁家的剩茶端起来就喝，谁家的剩饭端起来就吃；

抽2块钱一包的香烟；手上长了老茧，整个人黑了，瘦了……[①]沈浩融入小岗村，带领村民开发现代农业，发展旅游业，招商引资发展村级工业，获得小岗村人民一致的拥护和赞誉。以至于两届任职期满，小岗村人两次按下红手印将沈浩留下来。2008年9月30日，胡锦涛热情地鼓励沈浩："群众拥护你，这是对你最大的褒奖!"沈浩去世后，一副长长的挽联浓缩了沈浩的人生："两任村官呕心沥血带领一方求发展，六载离家鞠躬尽瘁引导万民奔小康。"[②]沈浩在小岗村创造了奇迹，树立了挂职村干部的丰碑。

在社会主义新农村建设中，要培养大量农村经济发展需要的高素质人才，要完善相关机制，保证这些人"从农村中来，到农村中去"。这些"土生土长"的农村人在接受教育和培训之后，能够将现代市场经济、农业经济、企业管理等理念带回农村，有可能成长为农村经济社会发展需要的能人、带头人。

四、经济发展尚需内生动力

应该说，小岗村经济发展情况受到了广泛的关注，相比一般农村而言，政府的投入也是非常多的，但是总体上没有达到预期的效果。特别是小岗村经济发展还是依赖输血机制，没有形成良性的造血功能。因此，2016年下半年，凤阳县在省、市支持下，启动小岗村"三年大提升"计划。

从凤阳县人民政府的网站信息中，我们可以看到小岗村经济发展更多地依赖政府推动和参与。习近平总书记视察小岗村后，滁州市委、市政府制定了"抓小岗促全市"实施方案。凤阳县人民政府的网站"中国·凤阳"（http：//www.fengyang.gov.cn/）中有"小岗村三年大提升暨抓小岗带全县"的独立网页，设有"工作动态"，对工作推进的最新动态以及领导活动等方面进行实时报道；"重点工作"对每个月的重点工作安排、重点工作推进情况进行通报；"通报简报"定期编发工作简报；"文件制度"列出了重点工作和项目推进的督查制度、领导小组办公会议制度、领导小组全体会议制度等；"项目建设"对重点项

① 舒升．小村官之死咋惊动胡锦涛总书记？[N]．新华网，2010-01-05。

② 同上．

目一览表、第一年度重点项目一览表、部分工程项目进行介绍。市、县领导不断召开小岗村“三年大提升”工作部署、推进、调研等会议和活动，有力地推动相关工作的有效开展。

2016 年 12 月 8 日和 2017 年 4 月 25 日，小岗村先后举行了两个批次项目的集中签约和开工仪式，滁州市主要领导以及凤阳县领导参加。

小岗村经济发展如何才能形成内生动力是值得学者关注的问题，这也是小岗村多年来经济发展不能令人满意的核心症结所在。

友谊大道的修建开启了小岗村依赖外部投入的先河。1998 年 3 月底竣工的由张家港市长江村出资建设的“友谊大道”（图 1 - 14），长 1.1 千米、宽 22 米、总投资 100 多万元；道路两旁栽种的是长江村从苏州挑选的行道树和凤阳县林业局从凤台县林场买来的 830 棵蜀桧。此后，友谊大道多次改造，当年的行道树早已不知去向，道路两旁的树木、路灯已经换过多次。特别是投资总额约 400 万元的小岗客运站几乎废弃（图 1 - 15）。

图 1 - 14　友谊大道纪念碑

2012 年以来，小岗村继续走“规划引领、项目带动”的路子，先后实施近 50 项工程，总投资约 5.1 亿元[①]。2012 年 3 月份，小岗村启动美好乡村示范村建设[②]，专门

① 据项目工程招标公告，小岗村高标准农田建设项目总投资为 4 771.2 987 万元，大包干纪念馆布展深化设计与施工项目预算金额约为 2 500 万元，牌楼工程总投资约为 230 万元，村委前的广场景观绿化工程投资估算价格约为 200 万元，牌楼景观绿化工程总投资约为 190 万元，等等。

② 在社会主义新农村建设中，安徽省人民政府结合实际情况制定《安徽省美好乡村建设规划（2012—2020 年）》，以实现“生态宜居村庄美、兴业富民生活美、文明和谐乡风美”的总体目标，构筑分区、分类、分步骤的美好乡村建设路径，为美好乡村建设提供指导。小岗村建设“美好乡村示范村”源于此规划。

图 1－15　小岗客运站

请中国建筑设计研究院、中国美术学院的专家对小岗村进行了整体改造和设计，在村民原住宅风貌的基础上增建了沿街景观、经商门面，融徽派建筑风格和乡村元素于一体，打造小岗村文化旅游精品街①。小岗村规划编制并实施了建设美好乡村示范村的 32 个重点项目，涉及经济建设、村镇建设、生态建设、文化建设、民生建设、组织建设六大类。其中，村镇建设项目包括友谊大道路面及两侧建筑物改造工程，要求按照规划对路面进行全面改造，对两侧居民的房屋进行统一风格的改造，具体包括1 700米路面改造工程及两侧强弱电管线下地工程，112 户沿路房改造、附属房建设和主房外立面改造等工程。项目总建筑面积约为2 200 平方米，总投资约为 500 万元，资金来源为财政资金。应该说，小岗村通过实施这些工程取得了一些变化，但是总体上经济发展没有大的突破，还没有依靠自身力量形成发展机制。

小岗村要改变依赖外部大量投入的经济发展模式；要有投入产出意识，必须考虑政府的财政资金大量投入后产生的效果是什么。这也提醒各级政府必须转变观念：小岗村的经济发展还要依靠小岗村人，并由其决定选择什么样的经济发展项目，政府可以在外部适当给予支持。这有助于推动小岗村经济发展内生动力的形成。

---

① 罗宝．安徽小岗村推进 32 项重点项目建设［N］．安徽日报，2012－10－12。

五、经济发展离不开党的领导

习近平总书记指出，推动乡村组织振兴，要打造千千万万个坚强的农村基层党组织，培养千千万万名优秀的农村基层党组织书记。小岗村经济发展的历程再次证明了必须建设农村基层党组织，选好基层党组织书记，全面加强党对农村工作的全面领导。

1978 年，“大包干”后小岗村人的积极性充分调动起来，短期内经济快速发展，很快解决了温饱问题。让人想不到的是，“一朝越过温饱线，二十年没迈进富裕门”。小岗村在尴尬中前行了 20 多年，村民也在不断尝试、苦苦求索，希望能够找到一条致富之路。

农村经济发展离不开坚强有力的党组织。2004 年 2 月，沈浩作为安徽省第二批选派干部，从安徽省财政厅被派到小岗村任村党支部第一书记，开启了小岗村经济发展的新篇章。正如沈浩在日记中写的“加快推进新农村建设……就是要加强以村党组织为核心的村级组织建设。要选好配强一个群众信任、能力较强的‘两委’班子，特别是要选好一个‘领路人’。”上任伊始，面对复杂的情况，沈浩一方面注重加强村“两委”班子建设，加强党员学习与管理、完善村“两委”议事、公开党务等，规范党组织建设和村民自治工作；另一方面，运用法律手段，收回被人长期侵占的 20 间集体办公房、2 台推土机和农用机具等集体资产，建立了集体资产管理制度。此后，沈浩带领村“两委”一班人开辟了小岗村的富裕之路，成立葡萄种植协会，引进优良葡萄品种；组建猪养殖合作社，发展风味猪养殖；建成大包干纪念馆，发展特色旅游；等等。2008 年，小岗村人均收入达到6 600元，村集体年收入超过 100 万元。沈浩任职期间，小岗村经济发展进入了快车道。

沈浩去世后，小岗村党委第一书记的人选事关重大。中共安徽省委组织部在省直7个综合部门通过个人报名、组织考核推荐，公开选拔安徽省财政厅财政监督检查局副局长丁俊作为安徽省第四批选派干部赴小岗村任职。2010 年 2 月 1 日，中共凤阳县委任命丁俊为小岗村党委第一书记。因身体健康原因，丁俊于 2013 年 4 月离任，由安徽省财政厅注册会计师管理处副处长张行宇接任小岗村党委第一书记。2015 年 8 月张行宇离任，由安徽省财政投资评审中心副主任吴小林接任小岗村党委第一书记、挂任凤阳县委委员、常委。2018 年 1 月，凤阳县财政局副局长、小岗村创新发展有限公司董事长李锦柱接任小岗村党委第一书记。连续几任第一书记都在为小岗村经济发展呕心沥血、竭尽所能，小岗村经济发展的亮点不断，人均收入和集体经济收入快速增长。可见，从省委到市委再到县委都十分重视小岗村第一书记的选派，十分重视小岗村党委的建设，这为小岗村的发展提供了坚强保障。

小岗村党委十分注重基层党组织建设，充分发挥基层党组织的领导核心作用。选优配强村党委班子，深入推进党务、政务、村务公开，增强党委班子的凝聚力、战斗力和向心力。小岗村党委以“发展永无止境、改革永不停步”的昂扬斗志，积极践行农村关键领域改革。正如习近平总书记指出的“唯改革才有出路，改革要常讲常新”。坚持以家庭承包经营为基础、统分结合的双层经营体制为基石，坚持农村土地集体所有，坚持稳定土地承包关系。小岗村尊重农民意愿，积极推进农村改革，实现土地的所有权、承包权、经营权分置，达到了巩固所有权、稳定承包权、用活经营权的目标，为土地流转、集中和规模经营创造了条件。小岗村的宅基地和农房“三权分置”改革、集体产权制度改革也都实现了新突破。在乡村振兴战略的实施中，小岗村要找准农村改革的突破口，争取再次充当农村改革的排头兵。新时代呼唤新小岗村，新小岗村要有新作为。相信在党的领导下，小岗村一定会成为农村美、农业强、农民富的示范村和幸福村！

本书从以上几个方面对小岗村经济发展情况进行简单的评述。正如习近平总书记指出的：“当年贴着身家性命干的事，变成中国改革的一声惊雷，成为中国改革的标志。”小岗村“大包干”拉开了中国农村改革的序幕，孕育了敢闯、敢试、敢为人先的大包干精神，这种大胆改革的精神，已经成为中国人民宝贵的精神财富，激励着一代又一代中国人在改革开放的道路上永不停步，不断续写新的篇章。

雄关漫道真如铁，而今迈步从头越。回顾和剖析小岗村经济发展的过去，结合当下小岗村经济发展的现实情况，方能规划和设计小岗村经济发展的未来。

第二章　小岗村产业发展研究

昔日以“大包干”模式掀开了中国改革开放序幕的小岗村，被誉为中国农村改革第一村。客观地说，单纯的农业生产“大包干”模式能够迅速地解决小岗村的温饱问题，却无法全面推动小岗村走上富裕之路。因此，本章以小岗村产业发展为分析对象，首先，以时间为序列梳理小岗村产业发展的变迁历程，揭示小岗村数次产业发展不成功背后的原因；其次，分产业重点介绍小岗村现有的发展格局，分析小岗村产业发展的薄弱环节，强调产业发展必须结合实际和尊重客观规律，进一步打造小岗村特色产业链；最后，围绕既有的产业发展格局和小岗村未来发展面临的机遇和挑战，提出推动小岗村产业发展的政策建议。

第一节　小岗村产业发展回顾

一般来说，以行政村为单元来研究产业结构和发展状况在既往的研究中是不多见的，因为行政村的人口规模、土地面积、资本积累和科学技术水平等方面均无法为产业发展提供支持。而小岗村则是个例外，原因有两点：第一，小岗村 30 余年来有过多次产业发展的实践，不但为下一步的发展积累了宝贵的经验，而且为笔者的研究提供了素材；第二，小岗村具有独特的政治优势，为小岗村产业发展带来了机遇，有可能抵消小岗村产业发展的资源劣势和不足。

小岗村的产业长期集中于种植业以及少量以户为单位的家禽养殖业。通过“大包干”改革，1979 年小岗村的粮食产量达到了 13.3 万斤，此后基本稳定在这一水平，解决了长久以来困扰小岗村人的温饱问题。

改革开放初期，部分农民开始自发地从事其他产业，不再完全束缚于传统的种植业。小岗村农业的发展客观上有助于村民从“吃饱饭”的难题中解脱出来，部分不满足于仅解决温饱的人开始了新的思考：“小岗村的粮食产量虽然上去了，大家的日子也好过了，但一家一户就种这么点地，只能管温饱，要让大伙真正富裕起来，让小岗变个样，就必须办工厂”①。1983 年，“大包干”带头人严宏昌有了办轮窑厂的想法，并得到当时凤阳县主要领导的政策支持，但是在全村村民大会上，多数的村民持反对意见，最终该计划未能实施。可以说，这一流产的计划反映了当时小岗村人在解决“吃饱饭”问题之后对今后发展意见的不统一。多数人还是受既往的政治压力和小农经济的影响，“小富即安”的思想占据主导地位，内部意见的不统一也为以后小岗村产业发展的失败埋下了伏笔。

1984 年，中央一号文件要求发展商品生产，“无农不稳、无工不富”的口号广为流传。同年，村民严宏昌购买了两台塑料再生机，租赁了两间草房为场地，并聘请了两位技师，开始经营塑料制品加工厂，初期生产经营较为顺利，后因多方面的因素，塑料制品加工厂关闭。这是小岗村人第一次正式地涉足商品生产领域，塑料制品加工厂获得的初步成功和最终的关闭给人带来了很多的思考空间。在当时的背景下，创立加工厂、走工业发展的道路是小岗村人一次颇有意义的自发尝试，发展商品经济和商品流通是中国农村富起来的重要选择之一。

随后的几年里，部分小岗村人开始涉足粮食贩运、家禽养殖、交通运输等行业，虽然规模和影响都不是很大，但给他们带来了实实在在的收入。1991 年，随着中国市场经济改革大浪潮的来临，小岗村开始尝试吸引外来资本和技术设备，发展村级企业和私人企业，多种类型的企业不断涌现。村民严宏昌借助外来投资创办了小岗农工商实业总公司，下设小岗米厂、小岗食用菌厂和小岗工艺被厂三家工厂。之后，小岗村又出现了面粉厂、摩托车镜子厂、食用油厂、电子仪表厂等。但是，上述小岗村企业（除电子仪表厂）的经营情况并不理想，相继倒闭。其原因不一而足，大致可以分为：村、镇两级机构对部分企业的产权归属意见不一致；规模小，抗市场风险的能力不足；缺乏

① 陈桂棣，春桃．小岗村的故事［M］. 北京：华文出版社，2009.

先进的技术，产品优势不明显；企业管理落后；等等。

在小岗村产业发展过程中，我们更多地看到的是政府的身影，尤其是中央和省级政府对小岗村进行了大规模的援助。1997 年，江苏张家港市长江村与小岗村结对子，联合发展，援助修建了横穿全村的水泥路，帮助进行农业、农副产品的高科技改良，并拟兴办两家企业。1998 年各级政府帮助修建了小岗村小学、自来水工程、卫生基础设施、程控电话等。这弥补了小岗村在产业发展方面的不足，有助于下一步的产业发展。之后，小岗村整合土地资源，兴建了“小岗工业园”，准备入驻电梯配件厂、纺织厂、汽车制动安全器厂、汽车尾气净化厂、贵金属二次冶炼厂和小岗养鸭基地。但是，小岗工业园终因无厂入驻，而不得不改变用途，转而在长江村的帮助下变成了面积约 8 万平方米的葡萄园，经营至今。笔者认为，与之前的产业发展相比，各级政府对小岗村的援助的确改善了产业发展的硬件设施，但是小岗村吸引外来直接投资仍面临既有政策、经济要素和各类保障的制约。

2004 年，安徽省财政厅挂职干部沈浩同志到小岗村任党支部第一书记，成为推动小岗村经济社会发展的契机。沈浩同志通过长期的调查研究，凭借扎实苦干的作风，整合了小岗村内部不同的意见。至此，小岗村产业发展的面貌才开始真正有所改变，基本确立了小岗村产业发展“三步走”战略。

第一，发展现代农业。实施“凤还巢”人才工程，积极整合多名“第二代小岗村人”、安徽科技学院大学毕业生的人才和技术优势，并通过土地自愿流转的方式，实现了土地集中。小岗村开始广泛种植黑豆、花生、葡萄、双孢菇和兴建苗圃，养殖业如养殖猪、鸡、牛、羊和龙虾等开始兴起；创办的农业企业和合作社包括凤阳小岗黑五类专业合作社、大学生创业园、小岗村葡萄专业合作社、小岗村从玉蔬菜投资发展有限公司、小岗宝迪种猪科技有限公司、小岗村天然零卡产业园。

第二，创办工业园。小岗村通过招商引资，先后办起了小岗面业、钢构厂、装饰材料厂、节能电器公司等工业企业。

第三，发展服务业。小岗村已开发形成的旅游项目有：大包干纪念馆、当年农家、村文化广场、葡萄采摘园、蘑菇大棚等景点。大力发展红色旅游的同时也激活了凤阳旅游的常规线路，带火了明皇陵、狼巷迷谷等旅游景点，促进了全县旅游业发展。小岗村交通运输业主要是发往凤阳、蚌埠和合肥的3个班次长途汽车。2011年小岗村通过招商引资的方式新建了小岗村培训中心，弥补了原有农家乐饭店住宿餐饮服务能力的不足。从总体来看，小岗村的产业在“三步走”战略的带动下的确有较大的发展空间。

2009年沈浩同志逝世后，小岗村经济社会发展并没有停滞下来。人才作为推动小岗村发展的第一要素，“十二五”期间得到了充分的吸纳。例如，安徽省财政厅下派优秀党员到小岗村任党支部第一书记的制度确定下来，国家各类型人才下沉计划实施（大学生村官制度、大学生创业创新计划等）以及本土优秀人才回流等。

“十二五”时期，总体来说是小岗村经济社会的快速发展期。第一，小岗村经济总量持续增长。2015年，村民人均可支配收入约为14 700元，比2011年增加了5 300元；村集体经济由2012年的410万元增加到2015年的670万元；2015年小岗村工农业生产总值达8.27亿元，比2012年增加了2.47亿元。第二，小岗村“现代农业＋服务业”的产业格局基本形成。小岗村将以小麦、玉米为核心作物的4300亩高标准农田示范基地建设作为契机，推动土地流转，开展土地股份合作社建设，引导小岗村民进行现代化农业种植新局面。截至2017年4月，土地登记确权面积为9.07平方千米，发放证书875本，发证率达100％。在此基础上，小岗村加速推动土地由农户自发流转向组织化、有序化流转的方向发展，实现了土地流转的常态化。第三，旅游项目多元化，力争创建AAAAA级景区。“十二五”期间，小岗村大力发挥旅游优势，采取多种措施，使区域红色旅游市场持续升温。小岗游客中心正式运营以来，共接待游客19万人次、乘坐观光车6.3万人次、停车场停车1.94万车次，实现收入53万元。完成沈浩同志先进事迹陈列室的建设和大包干纪念馆的翻修工作，经过多方努力，“当年小岗”“大包干纪念馆”被列入全国红色旅游经典景点名录。在此基础上，金小岗农林科技产业园落户小岗村，丰富了旅游项目，形成了集红色旅游、现代农业观光游、农家乐游于一体的乡村风情景区。

2016年4月25日，习近平总书记视察小岗村以后，凤阳县及时研究谋划并制定出台小岗村“三年大提升”实施意见，谋划了136个项目。凤阳县委把小岗村“三年大提升”暨抓小岗带全县作为经济社会发展的首要任务。

第二节　小岗村产业发展现状及存在的问题

经过长时间的小岗村产业发展实地考察，笔者认为，小岗村已经初步奠定了特色产业链发展的基础，现代农业和服务业渐成雏形，以农产品加工为核心的工业产业已经颇具规模、红色旅游业已成为小岗村对外宣传的名片。取得成绩的同时，我们也应当清醒地认识到，小岗村未来发展的瓶颈，如人才资源、自然资源、资金资源、科学技术以及区位劣势还没有完全消除，与其他“十大名村”相比还有一定的差距。

一、小岗村产业发展现状

按照产业结构划分，本节将对小岗村产业发展现状进行分析。

（一）第一产业的现状

1. 粮食作物

传统的小麦、水稻（旱稻）仍然是当前小岗村主要的农作物，既有的土地质地、分布和水源供给均限制了农作物的产出数量。在大规模的土地流转之前，很多村民除了种植满足生活口粮之外将剩余土地“抛荒”，因为农作物的产出根本无法抵消各种肥料投入和人力投入，种粮食不如外出打工。在2012年的调研中，笔者发现，三口之家一年的粮食消耗量在800千克左右，耕种自家土地就能满足口粮需要。如果将土地流转出去，年收益为350千克稻子的市场售价和政府的种粮补贴，因此部分小岗村人已经不再从事传统的种植业，所需粮食均从市场购买。而部分种粮大户，如带头人之一的严美昌家，年销售粮食10吨左右。在2016年的调研中，笔者还发现流转耕地规模占比为56.3%，且土地流转费用比周边高200～300元，一半以上的农户正从田间地头解放出来，成为小岗村各类型企业潜在的劳动力储备。

2. 经济作物

黑豆、芝麻和花生是适宜小岗村种植的经济类作物。据小岗村村民谬某反映，当地的地力比较薄，之前也种植过其他农作物，但不适宜，并且病虫害比较严重。例如，小岗村企业普朗特引进种植的品种，如蓝莓、草莓等均不适宜。黑豆主要出口到日本和韩国，2012

年左右由于市场价格走低导致黑豆滞销，不少村民家里囤积了一些黑豆。

土地流转改革措施实施以来，从玉菜业和GLG公司分别流转了80万平方米和67万平方米的土地，用于特色蔬菜、水果和甜叶菊种植。从玉菜业种植的有机蔬菜因为市场接受度和成本的原因销量不佳，因此，部分土地处于闲置状态。GLG公司种植的甜叶菊面积约为13万平方米，但公司的主要甜叶菊产品，如零卡饮料市场销售较差，甜叶菊种植难以为继。在2017年4月的调研中，我们发现GLG公司已经更名为小岗村洪张健康产业园。

3. 蘑菇大棚

2006年，苗娟、王中华、周盘龙3名安徽科技学院的大学生到小岗村创业，兴建双孢菇产业园。大学生通过从农民手中租地，尝试种植大棚双孢菇，当年建设35个大棚，占地面积1.87万平方米；直接带动村民种植双孢菇，2007年发展到179个大棚，占地面积10万平方米[①]。种植人员有村民18户、大学生创业人员23人（分别来自安徽科技学院、南京农业大学、湘潭大学等8所高校）、其他外来创业人员6人。园区分为大学生创业园、村民创业园、外来人员创业园三个部分。大学生建设一个双孢菇大棚可以获得1万元的贴息贷款和5 000元的补助，吸引了众多大学生来这里种植双孢菇。

2008年初，由于恶性竞争，成本明显上升，市场风险加大。最早到小岗村创业的苗娟等一批大学生吸取教训，决定联合农户成立小岗利民食用菌合作社。苗娟被推举为监事长。小岗村的双孢菇销售完全依靠安徽一家龙头公司，2006年市场行情好时收益较大。2007年双孢菇市场出现波动，该公司便故意压价、欠款。大学生和村民一起成立“小岗村双孢菇合作社”，统一对外购料、销售，生产成本大大下降，通过合作社对外谈判，与省内外多家龙头公司建立了销售关系，大大降低了市场风险[②]。同时，棚区建设双孢菇粗加工厂，以提高农户的抗风险能力。这种农、工、商、贸一体化建设格局，推动了小岗村经济的飞速发展。然而，令人十分遗憾的是，因市场狭窄、成本上升，蘑

① 郭献文，宋振远，蔡敏．土地自愿流转“中国改革第一村”改革试验再破茧［N］．瞭望，2008-10-06.

② 同上.

菇无法形成规模化种植。据村民反映，慕名而来的商人前来大量收购时，往往产量跟不上需求，最终导致村民种植的蘑菇只能自行运输到附近的市场去销售。2010 年，所有大棚全部拆除。但是，小岗村的蘑菇大棚示范区是调整农业产业结构的有益尝试。

4. 葡萄产业

葡萄产业是小岗村的一个特色产业。这主要是在江苏省张家港市长江村的协助下发展起来的。2001 年，长江村扶持资金 200 万元，在小岗村建设高科技葡萄示范园，在全村推广葡萄种植，并多次选派专家实地指导，鼓励村民种植葡萄。小岗村葡萄园（图 2－1）是长江村从村民那里租来的，实际上也是小岗村第一次较大规模的土地流转。后来，小岗村大约 70％的农户种植了葡萄，总面积达到 30 万平方米。2004 年小岗村葡萄获得大丰收，总产量近 25 万公斤[①]。小岗村人还因势利导，在滁州举办了为期 30 天的首届小岗村葡萄节，以进一步提升小岗村葡萄的知名度。

图 2－1　小岗村葡萄园

① 孟辉．情深似长江——张家港市长江村“先富带后富”纪事［N］．人民日报，2006 年 12 月 10 日第 04 版。

“十二五”时期，小岗村采取招商引资和争取项目支持的方式，建设葡萄酒厂，既解决新鲜葡萄集中销售的问题，又增强种植户抵抗市场风险的能力；采取标准化技术进行栽培管理，发展无公害葡萄品牌。积极培训农户，建立无公害生产示范田，推广标准化栽培管理技术，使小岗村的葡萄达到绿色、无公害水平，并注册“小岗村葡萄”品牌。

5. 现代蔬菜种植业

投资5亿元的广州从玉菜业集团“安徽省小岗村从玉投资发展有限公司”正式落户小岗村。从玉菜业首期投资3 000万元，用于建设约1.33平方千米的现代蔬菜项目核心示范区。从玉菜业集团计划三年内投资1.5亿元，在小岗村建设6.67平方千米的现代蔬菜生产基地。所产蔬菜主要销往东南亚国家和中国香港地区[①]。

从玉菜业基地，如图2-2所示。

图2-2　从玉菜业基地

从玉菜业着力打造无公害蔬菜建设基地，充分利用食用菌生产的废弃培养基和沼气的沼渣、沼液等，以从玉万亩蔬菜种植基地为龙头，

① 刘慧．小岗村发展农村合作经济［N］. 中国经济时报，2011-06-09.

发展无公害大棚蔬菜生产；打造规模基地，与食用菌园区、葡萄园区相呼应，让游客摘、买、品小岗村新鲜蔬菜，在农家餐馆品尝小岗村的绿色蔬菜。

6. 养猪业

2004年底，小岗村人创新提出“三步走”发展战略：调整产业结构、发展现代农业；加快设施建设、发展旅游业；跳出小岗村求发展、着力办好工业园。2003年12月21日，由小岗村、长江润发集团、滁州通力集团、滁州绿丰公司、张家港中兴房产联合投资830万元筹建的“小岗现代农业发展股份有限公司”正式挂牌运营，然而，公司的运作前景不容乐观。2004年，小岗村与上海大龙畜禽养殖有限公司，通过“公司＋农户”的形式，引资150万元，兴建了占地面积14.27万平方米的“大明贡猪”养殖基地——小岗村风味猪科技养殖场，成立优质猪养殖合作社，带动92户村民发展风味猪养殖产业。

2006年2月18日下午，70多户小岗村家庭代表在村委会开会，决定成立“安徽省凤阳县小岗村发展合作社”，注册资本金为305万元，上海大龙畜禽养殖有限公司以现金出资占有85％的股份，小岗村以土地和相关优惠政策的投入占有10％的股份，而滁州市粮食局持股5％。以每年500元的价格租用农民的土地，试图改变一家一户单干的模式，实行“统一反租承包”。“统一反租承包”把土地集中起来，实现资源整合，完全按照工业化的思路来发展农业。在合作社先给租金的情况下，当初很多人确实是同意出租土地的，租期暂定5年，5年后，农民以土地入股分红，或者重订租金[①]。上海大龙畜禽养殖有限公司以“企业＋生产合作组织＋农户”的模式建设生猪养殖小区，形成自繁自育年出栏4 000头商品猪的专业养猪小区；以行政村为单位合理布局专业养殖小区，与当地农业规模相匹配，从而由一个个专业小区组成具有相当规模的生猪生产基地。在此基础上，公司在当地收购麦子、玉米，加工饲料，产生的猪粪变废为宝，生产沼气、还田沃土，形成了循环经济的雏形，为整个产业可持续发展奠定良好基础[②]。小岗村成立了“小岗村优质猪养殖合作社”，准备加大养殖力度。然而，村民们合作

① 司加林，张军有．小岗村的三十年就像中国农村的一个缩影［N］．解放军报，2008－12－11．

② 同上．

养猪的前景不乐观，并不愿意以土地入股的方式养猪，“合作”方案不得不进行调整。

“十二五”时期，吸引商品猪明星企业宝迪入驻小岗村，形成了现代商品猪养殖基地。以“龙头企业＋农户”的模式，大力支持宝迪与周边养殖户（场）合作，通过发展产业化经营，带动规模化养殖，促进公司和合作养殖户（场）稳定增收。同时，大力推进种养结合、循环利用模式，通过研究“猪-沼-菜（果）”，形成“养、种、加”产供销一体的科学化养殖、种植技术和规模化发展模式。

（二）第二产业的现状

2004 年初，小岗村组建并成立现代农业有限责任公司，打开了小岗村工业经济发展之门。小岗村大学生创业园、外来人员创业园初具规模。近年来，第二代小岗村人通过招商引资先后办起了小岗面业、小岗钢构厂、装饰材料厂、节能电器公司、小岗村天然零卡产业园、小岗农贸市场等工业企业。

1. 农产品深加工产业发展情况

2006 年 5 月，总投资9 800万元的凤阳县小岗粮油食品有限公司在园区内开始修建，2007 年上半年建成投产，日加工粮食 600 吨；与此同时，小岗村 PVC 装饰材料厂、小岗村节能科技有限公司等企业相继在小岗村落户。

2007 年 5 月，凤阳县小岗村粮油食品发展有限公司（小岗面业）成立，坐落在小岗村工业园区，日加工小麦1 000吨。该公司是一体化的农产品深加工企业，从完善粮食产业、产品品牌和产业服务三大体系入手，着重产品研发，隆重推出了“小岗”牌系列等级面粉，产品远销国内 14 个省（市）。其中，深加工、高营养、高附加值的小麦胚芽产品已完成研发，正处于市场调研完善阶段。企业已通过 ISO9001：2000 国际质量体系认证，并享有自由进出口贸易权。2010 年 6 月，公司与中航工业郑飞集团联合成立了中航郑飞小岗村粮油食品股份有限公司。目前公司正在筹划建设中航郑飞小岗村粮食全价值链产业园，计划投资 3 亿元，占地面积 33 万平方米。经过充分的市场调研后，公司决定按照“科研基地＋农户＋订单＋股东”的经营模式，深入推进订单农业，依靠高新农业技术，打造精品农业产品，积极探索社会主义新农村建设的发展模式，发挥龙头企业的作用，形成集粮食种植、仓储、面粉加工、食品加工、饲料加工、运输销售、服务于一体的粮食全价值链产业集群。

小岗省级现代农业示范区，如图 2－3 所示。

图 2－3　小岗省级现代农业示范区

2016 年 12 月 8 日，小岗村“三年大提升”首批项目——投资 10 亿元的盼盼集团食品深加工项目签约，并于 2017 年 2 月 26 日正式落地。该项目以农产品深加工为主业，就近吸收小岗村各种农产品资源，并吸纳当地剩余劳动力，发展前景较为乐观。

2. 高科技产业园区建设

2009 年 1 月 8 日，GLG 集团与小岗村正式签约，结为全面战略联盟合作伙伴，共同建设小岗村 GLG 高科技产业园。总投资达 15 亿元的 GLG 农产品深加工高科技产业园项目开始在小岗村落户，年产值预计达 60 亿元以上。该企业还计划通过建设 1.33 平方千米的甜叶菊育种基地，每年为群众带来 6 亿元的收益。2010 年 11 月 17 日，具有国际先进水平的国内第一条天然零卡饮料生产线在小岗村 GLG 产业园建成并投产。2011 年 6 月 22 日上午，由加拿大 GLG 集团投资控股的美国张博士天然零卡饮料食品集团，在上海营销中心与滁州市、凤阳县人民政府正式签署了中国总部落户小岗村的投资协议。这是中国第一家在安徽农村落户的以农业为基础的跨国集团中国总部。GLG

集团是世界甜菊糖行业里唯一拥有集良种选育、订单种植、生产加工、出口销售于一体，实现从种子到餐桌全覆盖的完整产业链的跨国公司[①②]。根据双方战略合作协议和产业园发展规划，甜叶菊种苗繁育基地，将促进凤阳县甜叶菊产业化种植 133.33 平方千米。2009 年，试种甜叶菊的村民平均每亩收益3 000元以上。2010 年，该集团在小岗村首次招收农业户口产业工人，普通工人月收入在1 200元左右[③]。2016 年，经调研发现，该公司甜叶菊产业发展规划并未完成，原因在于以甜叶菊为原料的食品、饮料并未得到市场认可，目前公司主营产品是保健品。

小岗村洪张健康产业园，如图 2－4 所示。

图 2－4　小岗村洪张健康产业园

3. 工业企业发展

2007 年小岗钢构厂成立，每年会向村里交一些厂房租金，这构成

① 陈颐 . GLG 集团投资安徽小岗村新糖源［N］. 经济日报，2011－01－12.

② 甜菊糖是世界上公认的第三代糖源，作为第三代新糖源——零卡糖的推广和使用，能降低热量的摄入、减少肥胖，成为防治糖尿病和心脑血管病的福音。

③ 马顺龙，王娟等 . 小岗村 GLG 集团一周岁啦，中安在线，2010－04－02.

了目前小岗村主要的工业收入。钢构厂平时按订单生产，业务量时大时小，进工厂工作的人寥寥无几。

2011 年和 2012 年 7 月，本课题组两次赴小岗村实地调研发现，受宏观经济总体下行的趋势影响，小岗村产业发展，特别是工业企业再次出现了反复和危机。例如，天然零卡产业园经营不畅，除了生物制药车间正常运转，其余车间已经处于停产状态，并且债务负担率较高，企业经营困难；钢构厂产品价格和技术水平没有比较优势，生产经营同样举步维艰；宝迪种猪虽引进了猪种，但形成的经济效益尚需时间和市场的考验；从玉菜业流转的大量土地上并没有开展现代农业的种植和经营。相对而言，小岗村农业企业的发展步伐稳健，具有一定的可持续性。例如，小岗村的面业较好地适应了市场消费者的需求，公司的品控和研发能力具有较强的竞争优势，逐步发展成集粮食加工、仓储、贸易、优质小麦繁育、种植、产业化经营于一体的大型股份制企业。2016 年，笔者再次调研该厂，该厂已处于停产状态。

4. 物流中转基地建设

小岗发展综合性仓储物流中心位于凤阳县小岗村宁洛高速公路凤阳出口处，包括农副产品研发中心、农副产品冷冻冷藏中心、大型农产品集散市场、大型物流中转基地、农副产品检测检验中心等，该项目占地面积为 3.33 万平方米。

将小岗工业集中区作为硅工业园区的配套工业区，利用硅工业园区“临港”“物流”功能，建设大型小岗村农副产品集散地，着力发展投资基金，在小岗工业集中区建设一批现代化厂房，以便小岗村发展村办工业并配套相关服务设施和基础设施，主要建设园区长 10 千米、宽 40 米的道路，10 千米给水管道，20 千米排水管道以及公共绿地、道路绿化、天然气、环卫及配套设施。在 2016 年的调研过程中，集中区工程建设基本完成，但入驻企业数量有限。

（三）第三产业的现状

小岗村的第三产业主要是以红色旅游、农家乐旅游、生态农业观光为主线。

1. 红色旅游的发展

（1）大包干纪念馆

大包干纪念馆为小岗村旅游业的发展带来了契机。2005 年 6 月 19 日，由中国科学院院士、全国著名建筑学家、东南大学齐康教授设计的大包干纪念馆正式开馆，占地面积 2 万平方米、建筑面积2 600平方米，包括展览室、报告厅、门厅、餐厅和相关辅助设施。展览馆共分溯源、抉择、巨变、崛起、关爱等五个部分，全面介绍了“大包干”发生、发展的历程。该纪念馆每天接待2 000～3 000人，主要以接待机关单位、大学和旅游团为主，导游讲解费为 40 元/次。原全国人大常委会委员长万里同志题写馆名。展览内容基本上反映了“大包干”的形成过程、带来的变化以及各级领导、媒体、友人对小岗村的关心和支持。为了充分展现“大包干”的艰难历程和“大包干”带来的变化，文字组、图片组筹备人员广泛走访知情人，收集到了不可多得的文字材料、图片和音像资料。主展厅由大型群雕“十八颗红手印”以及实物展台、展柜组成，其中部分珍贵图片和史料是首次公开。大包干纪念馆已被列为安徽省和滁州市爱国主义教育基地。

大包干纪念馆，如图 2-5 所示。

图 2-5　大包干纪念馆

（2）沈浩先进事迹陈列馆

为进一步学习沈浩先进事迹，大力弘扬沈浩精神，凤阳县委、县政府决定设立沈浩先进事迹陈列馆。该陈列馆于 2010 年 4 月 27 日开工建设，并于 2010 年 7 月 1 日建成并对外开放，沈浩先进事迹陈列馆位于凤阳县小岗村村头，每天来这里的游客很多，每天接待1 200～1 500名游客。该陈列馆的一楼主要设有沈浩同志先进事迹放映厅、接待室、办公室；二楼为沈浩同志先进事迹展以及沈浩同志生前住所等。沈浩先进事迹陈列馆的解说工作则由凤阳县文化旅游局选派优秀导游担任。

沈浩同志旧居，如图 2-6 所示。

图 2-6　沈浩同志旧居

在旅游业方面，相关红色旅游景点虽然吸引了大量的游客，但无法深层次激发游客的购买力，通常是参观几个景点，就近在农家乐饭店简单消费之后，当天就离开了小岗村。如何让游客在小岗村消费以及如何留住游客是亟待解决的问题。

2. 农家乐旅游发展

（1）打造农家院落景点

以保存完好的茅草房、瓦房、厨房、猪圈、牛棚、茅厕等组成的农家院落为载体，通过生产、生活用具等实物展示，再现了 20 世纪 60 至 80 年代的生产、生活场景，使人们穿越时空，留住记忆。其中，茅草屋建于 1973 年，瓦房建于 1985 年。

当年农家景点，如图 2-7 所示。

图 2-7　当年农家景点

(2) 发展农家乐饭店

依托红色旅游的发展契机，小岗村在友谊大道两侧建设了 5 家农家乐饭店，主要经营中餐和晚餐，品种有土鸡、土猪肉、河鱼和农家菜蔬。据经营者介绍，年营业额为 20 万～30 万元。

“大包干”带头人之一的关锦江创办的大包干农家菜馆，如图 2-8 所示。

图 2-8　“大包干”带头人之一的关锦江创办的大包干农家菜馆

“大包干”带头人之一的严金昌创办的金昌食府，如图 2-9 所示。

图 2-9 “大包干”带头人之一的严金昌创办的金昌食府

3. 生态农业观光建设

金小岗生态农业园由采摘园、薰衣草种植园和小型人工沟渠三个部分组成，采摘园主要品种有草莓、香梨、桑葚等，游客可以穿梭其中；薰衣草园位于园区中心位置，适宜游客嬉戏、拍照和野餐；小型沟渠主要用于园区种植用水，也可以用于露天垂钓，无疑给观光带来了更多的乐趣。

二、小岗村产业发展存在的问题和原因分析

笔者通过比较发现，虽然近些年小岗村产业发展取得了一定的成绩，但也暴露了一些问题，特别是与“十大名村”相比还存在一定的差距，需要从多个方面分析存在的问题，并进一步寻找问题的原因所在。

第一，传统的农业耕作模式阻碍了产业发展。小岗村虽然引进了花生、黑豆等经济作物，但产量有限、市场信息不通畅，农民受益不大。小岗村发展现代农业需要转变观念，摆脱“一家一户”的约束，通过普及教育和农业技术培训，储备农业专业人才；种植业、林业、畜牧业和渔业的结构不合理，来源于种植业以外渠道的生产和收益均不明显，比如小岗村葡萄产业历经十年发展，却没有做大做强。究其

原因，可能包括农业技术、资本约束和企业家创新精神的不足等方面；政府给予的农业补贴政策的确提高了农民种粮的积极性，但随之而来的农资价格上涨、农产品价格上升缓慢等因素抵消了政策的效果，农民单纯靠土地收益迈入富裕之路渐行渐远。

第二，产业结构升级步履维艰，产品结构层次低的问题没有得到解决。主导小岗村村级企业的仍是竞争力低的传统工业，使得村级工业在市场竞争中处于弱势地位，市场竞争将淘汰盈利能力差的村级工业企业。另外，村级工业与农业的关联度非常低，不能充分利用农村自然资源服务农村经济发展。据调研统计，村级工业吸纳的就业人口较少，比如宝迪种猪企业，该企业从外地购买各类饲料，用工也基本上是非小岗村民，这种招商引资行为，究竟给小岗村带来多大的实惠可想而知。当然，这类企业的行为也在倒逼着小岗村反思究竟应该吸引什么样的企业入驻。

第三，资金相对短缺。这主要体现为：一是招商引资能力较弱。由于远离城市经济圈，受发达经济体的有效辐射不足，难以通过市场力量吸引外部投资，产业承接能力有待提高。二是小岗村生产成本偏高，主要表现为土地流转费用偏高，按照国家最低保护价折算，2015年小岗村土地流转费用比周边高200～300元，增加了企业生产成本，提高了企业入驻门槛，造成小岗村生产建设对财政资金的过度依赖。三是互联网金融发展流于形式。根据笔者2016年的调研，虽然各类金融平台陆续入驻小岗村，也建立了门店或者是网络平台，但对小岗村各类型企业和农民家庭的资金支持有限，效果不佳。

第四，旅游开发项目单一，吸引力不强。小岗村在突出红色旅游的同时，没有与乡村旅游及周边旅游景点很好地结合，且开发项目的经营模式以观赏为主，缺乏与游客广泛的参与性、互动性。与旅游业相关的餐饮行业与服务行业比较落后，基础设施建设不完善，存在食品安全、住宿条件差等问题；缺乏统一规划和管理，虽然成立了农家乐旅游协会，但还是由各农户自主经营，没有确立相应的服务标准。这不但会导致小岗村的名誉受到损害，而且旅游业所带来的经济效益也会随之大大地降低，不利于小岗村旅游业的发展。尤其是在住宿方面，以我们住的大包干农家乐菜馆为例，虽然有空调和电视，但是晚上睡的是通铺，六七个人要睡在三张床上，客房条件十分简陋，客房数量也明显不够。

第五，产业发展需要配置的各项资源明显不足。就人力资源而言，即使采取了激励政策，实施“凤还巢”工程，但是管理人才、技术人才、合格劳动力仍大量缺乏，多数青壮年仍首选外出打工。资金严重缺乏，村集体实力薄弱，对外来的各项资金难以有效组合，新的增长点和增收途径难以实现。即使是所有的土地资源，也因为利用率不够高而难以产生实际效益。

“大包干”精神为什么没有引领小岗村像南街村和华西村一样走向富裕之路？笔者认为原因是多方面的：

第一，“大包干”找到了农村改革的方向，但并不意味着获得了经济发展的持续动力。小岗村首创“大包干”的伟大贡献在于赋予了农民自由发展生产的权利，“包产到户”的农业生产模式很快解决了温饱问题。之后，部分村民积极探索如何富起来，采取摸着石头过河的方式，随着农村基层党建制度的深化和第一书记制度的确立，小岗村重新焕发了活力，经济社会发展开始提速。

第二，文化教育落后。多年教育落后的弊端导致小岗村在市场经济之初以“能人经济”为代表的活力机制中难以脱颖而出，全村文化水平最高的“大包干”带头人严宏昌的种种发展经济的举动得不到广泛的理解和支持。随着多数青壮年外出打工，相对较高的打工收入激发了小岗村人常年外出的热情，固化了小岗村人获得收入的路径。

第三，外在力量对小岗村的支持没有转化成内生力量。各级政府的项目财力支持、多位企业家的慷慨解囊、多位有识之士的发展建言，为小岗村的发展赢得了良好的外部支持。培养市场意识和确立发展理念是小岗村经济社会发展的内生力量。而缺乏市场意识和发展理念才是小岗村经济社会发展过程中的真正阻碍。

第三节　小岗村产业发展的思路与政策建议

一、小岗村产业发展的经验借鉴

小岗村形成了以现代农业、工业园区和旅游业为支撑的产业格局。2007 年小岗村农民人均纯收入达到6 000元，比安徽省农民人均纯收入3 556元高2 400多元，比小岗村 2003 年的2 300元增加了近 2 倍，年均增长近千元。2015 年，小岗村农民人均可支配收入约为14 700元，比2011 年增加了5 300元。小岗村是中部地区社会主义新农村建设的代表，其经济和社会发展水平明显高于一般的村庄。但与同为“十大名村”的华西村、南街村、大寨村和滕头村等相比，仍有一定的差距。本书选取南街村、大寨村和滕头村的产业发展情况作为比较对象，综合考察小岗村产业发展情况。

从表 2－1 来看，在文化与历史传统、生产经营、公共领域、发展方向和特色等方面，四个村庄各有特色，均有一些亮点。

表 2－1　产业发展情况横向比较

模式结构	小岗村	大寨村	南街村	滕头村
地域：人口、土地、资源、地理条件	中等村落、耕地较多、水资源相对匮乏、地理位置相对优越	小村庄、耕地较少且贫瘠、缺水严重、离市镇较近	中等村落、耕地偏少、水资源相对紧缺、地理位置相对优越	小村落、耕地较少、水资源丰富、地理位置优越
文化与历史传统：文化偏好、发展基础	个体独立抗争但集体内耗、极度贫穷	合作倾向强烈、贫困落后	合作与集体主义倾向强烈、贫困落后	工商意识强烈、极度贫穷
路径选择：生产经营、公共领域、发展方向	多种经济（农、副、工和三产）结合，农户与多种经营主体结合、政府直接控制、利用外部资源，发展内部市场，促进人口聚集，建立中心村	梯田改造，多种经济（农、副、工和三产）结合、地方精英与集体自治力量控制、增加收入，改善生活条件，走集体共同富裕的道路	现代农业、工业和生产紧密互动、政府与集体自治力量控制、大力发展集体经济，走集体共同富裕的道路	现代农业、工业和生产紧密互动，走生态发展之路，多产业互动发展
特色：特色资源、模式类型	历史经历与象征资源、外力推动型	历史经历、象征和精英资源、集体与精英推动型	象征资源、集体与精英推动型	生态资源、精英推动型

资料来源：调研资料整理与各村网站资料整理。

大寨村在受灾后的 1964 年，正确处理国家、集体和个人的关系，在逐渐改善社员生活的同时，向国家上交粮食 175 万斤，平均每户2 000斤。这在当时困难重重、粮食产量普遍不高的情况下，他们的奉献精神是难能可贵的。为了激发全国人民发奋图强、推动农业生产，中共中央提出了“农业学大寨”的号召。周恩来把大寨的基本经验总结为：政治挂帅、思想领先的原则；自力更生、艰苦奋斗的精神；爱国家、爱集体的共产主义风格。南街村在坚持集体主义的原则下，实现了共同富裕，经济平稳发展，社会和谐，人民安居乐业。南街村成功的关键是实事求是，因地制宜，坚持集体主义。

四个村庄在产业发展方向上均走向了多种经济结合、产业协调发展的道路。在具体的发展路径选择方面，现代农业是基础，发展生态农业、观光农业是确立自身特色的重要方面；工业发展依托农业，走可持续发展的道路，如滕头村坚持可持续发展战略，牢固树立“既要金山银山，又要绿水青山”的科学发展观，结合旅游业景点开发，把生态环境和村庄建设紧密结合，实现村庄环境的持续优化。早在 20 世纪 90 年代初，滕头村成立了环境保护委员会，对村里引进的项目实行一票否决制，至今已累计否决了 46 项经济效益好但有污染的项目。在服务业发展方面，四个村庄均倾力打造特色旅游业。以滕头村为例，滕头溪口旅游景区是我国著名的 AAAAA 级旅游景区，前来旅游、观光、考察的中外人士络绎不绝，仅来自美、日、英、法等 50 个国家和地区的外宾达 520 多批次，旅游门票收入十分可观。

四个村庄的发展均离不开重要人物发挥带头模范作用，如小岗村的沈浩同志，大寨村的陈永贵同志、郭凤莲同志，南街村的王宏斌同志，滕头村的傅企平同志。

二、小岗村产业发展的优势和劣势分析

地区产业发展必须具备一定的人力资源、土地、资本和其他生产要素。笔者认为，小岗村产业发展必须结合自身的实际情况，因地制宜。

（一）小岗村产业发展的优势

地理位置：小岗村位于江淮分水岭的凤阳县东部约 40 千米处，铁路、陆路、水路交通十分便利，距离京沪铁路约 4 千米，距离淮河约 40 千米，距离明光、临淮两个淮河航运码头均为 20 千米。

土地资源：小岗村处于淮河以南丘陵地区，地形属河流低阶地，地势西高东低，东南是冲积地，冲积地一般多为水田，由棕黄色亚黏土组成，地面海拔 20～25 米，地面由南向北倾斜，适宜水稻等多种农作物种植。

人口规模：小岗村在“大包干”之前隶属于梨园公社，当时是一个仅有20户、115人的生产队。2008年3月，凤阳县进行村级行政区划调整，小岗村与相邻的石马、严岗村合并，成立了新的小岗行政村，下辖26个村民小组、849户、3823人，耕地面积5.81平方千米。根据小岗村新农村建设规划，将沿小岗大道的车庄、梨园、韩赵、严岗和石马村并入，使小岗中心村成为小溪河镇西部片区中心、镇域副中心，面积达到29.4平方千米，人口近7 000人，辐射人口近2万人。

社会声誉：小岗村特有的优势是其他村庄无法比拟的，有利于获得政府支持、吸引外来投资等。小岗精神和沈浩同志的先进事迹更是为小岗村建设红色旅游教育基地奠定了基础。

惠农支农的政策：政府出台的一系列政策，如免除农业税、农业补贴政策等一系列民生措施给了小岗村人实惠，特别是农村土地流转政策为农业现代化发展提供了可能。

此外，小岗村自20世纪80年代以来探索产业发展的经历也给小岗村人留下了宝贵的财富。

（二）小岗村产业发展的劣势

思想意识：随着时代的变化、人民生活水平和家庭收入的提高，部分小岗村人思想观念的转变不到位。

教育水平：多数村民的学历偏低，适龄劳动力多数缺乏职业培训。其中，50岁以上的人基本是文盲，30～50岁的人文盲率占50%，20世纪80年代以后出生的人约有80%接受了九年义务教育。当地青年高中毕业后大部分外出打工，主要流向浙江、上海及广东等南部沿海地区，有少部分留在当地打工及务农。由于文化程度和技术水平较低，小岗村现有企业招募的当地工人数量比较少。

基础设施：小岗村现有的基础设施大多数是在2000年前后新建且集中于原来的中心地带，与产业发展所要求的工作、生活和休闲需求相去甚远，新合并的大严、石马等区域的基础设施建设水平远远落后于中心地带。在调研零卡工业园时，负责人就强调了企业排污困难，小岗村尚未建立与排污相配套的基础设施。

产业结构布局：产业布局不合理，缺乏内在的互动机制。农业生产重视种植业生产、轻视林牧渔业生产，造成种植业、林业、畜牧业、渔业结构不合理，许多土地资源不能得到合理利用。工业发展往往不是出于当地的实际情况，而是吸引与农业生产关系不大的制造业企业，其结果是外来企业的移植无法和小岗村融为一体。服务业发展规模小、服务意识差、缺乏一定的管理经验，尚未形成规模。

贫富差距：根据实地调研结果，笔者发现原小岗村居民（“大包干”带头人）家庭收入较高，人均年收入超过1万元，居住在村庄的中心地带，居住条件和生活设施较好，农民家庭消费与城镇家庭几乎没有差别。而严岗和石马的大多数居民人均年收入为4 000元，居住在距中心地带3千米以内的区域，居住条件一般，部分低收入家庭的生活还比较困难。

三、小岗村产业发展思路和政策建议

结合小岗村实地调研情况和学者对小岗村发展的真知灼见，笔者认为：未来小岗村需要因地制宜地制订发展规划，统筹长期利益与短期利益，走可持续发展的道路是必然的选择。

（一）小岗村产业发展思路

总体思路：提高公共设施服务水平，加快现代农业、旅游业和农产品加工业的发展速度，全面增强中心村的吸引力，把小岗村建设成为一个集新农村建设、现代农业发展、旅游观光于一体的示范村，实现由改革知名型村庄向改革发展知名型新市镇的新跨越[①]。

小岗村“十三五”规划现代农业产业体系建设，见表2-2所列。

表2-2 小岗村“十三五”规划现代农业产业体系建设

序号	产业名称	建设内容	建设计划	目标成果
1	优质粮食种植加工产业	以高标准农田为载体，打造千亩小麦生产示范基地；构建绿色食品产业体系	2016—2018年，完成千亩高标准农田基础设施改造；2019—2020年，完成千亩高标准农田智能工程建设	实现小麦生产自动化管理；化肥、农药投入实现“零增长”，培育现代家庭农场3个；产量较2015年提升10%；收益提升20%；实现主要农产品基地和产品无公害、绿色、有机认证率达100%；农产品质量安全合格率达100%

① 出自2016年《凤阳县小岗村“十三五”发展规划（征求意见稿）》。

（续表）

序号	产业名称	建设内容	建设计划	目标成果
2	高效绿色养殖产业	建立以小岗村宝迪示范带动的商品猪养殖基地，以“龙头企业+农户”为模式，大力支持宝迪与周边养殖户（场）合作	2016—2018年，建设大型现代化生猪养殖基地；2019—2020年，完成生猪养殖基地设施改造，实现绿色养殖	带动年出栏数1 000头以上农户20家
3	有机蔬菜种植产业	小岗村以现有蔬菜农业合作社为核心，积极推进设施蔬菜种植，完成现有蔬菜种植向有机种植的转变	2016—2018年，建设蔬菜大棚，并完成大棚现代化设施安装；2019—2020年，积极培育蔬菜合作社，完成集中连片的蔬菜种植	培育新型蔬菜合作社5个
4	果品种植加工产业	以凤阳金小岗农林科技产业发展有限公司为依托，建设小岗村千亩葡萄生产基地，积极引进葡萄加工企业；建设小岗村千亩树莓生产园、金银花生产示范园	2016—2017年，完成小岗村种植基地土地流转，并进行各示范区区域规划；2018年，完成千亩葡萄、树莓、金银花种植和设施改造；2019—2020年，发展特色果品深加工产业，完成小岗村特色果品宣传和销售	实现小岗村葡萄无公害认证率达100%，打造“小岗特色葡萄”品牌；带动金银花种植农户50～80家；引进葡萄加工企业5～8家，完成现代化葡萄产业园建设

资料来源：2016年《小岗村“十三五”规划（征求意见稿）》。

小岗村“十三五”规划现代旅游服务业建设，见表2-3所列。

表2-3 小岗村“十三五”规划现代旅游服务业建设

序号	产业名称	建设内容	建设计划	目标成果
1	现代旅游产业	以大包干纪念馆新馆、沈浩同志先进事迹陈列馆为载体，并将小岗村红色旅游特色与现代农业产业有机融合，形成以“乡村旅游、文化熏陶、健康养生、休闲度假”为特征的现代旅游发展格局	2016—2017年，完成50户农家乐设施改造；2018—2019年，完成小岗村红色旅游及现代农业观光、果树采摘、农家体验等景点设计，合理规划观光游乐区；2020年，完成小岗村整体旅游路线规划及配套设施建设	打造具有小岗村特色的旅游产品10个；形成具有接待超万人能力的现代旅游服务体系；旅游人数比2015年增长30%

（续表）

序号	产业名称	建设内容	建设计划	目标成果
2	教育培训产业	打造精品培训课程；开展小岗村特色主题演出活动	2016—2017年，完成教育基地土地规划； 2018—2019年，完成两到三套精品培训课程的录制，并完成现代化教育基地建设及配套设施安装； 2020年完成演员筛选，并排练5套不同的节目，完成安徽省区域巡演活动	打造两到三套精品培训课程；实现每年小岗村特色演出超过10次，构建小岗村教育培训产业体系

资料来源：2016年《小岗村“十三五”规划（征求意见稿）》。

产业发展总体思路是以“经济增长可持续、村庄建设大跨越”为主题，以区划调整、新农村建设为契机，充分发挥品牌优势、各级政府支持优势，不争论，谋发展，加大招商引资力度，加快各项基础设施建设，推进大学生创业园、农家乐示范园、科技农业示范园、工业集中区、新农村居住区建设，大力发展现代农业、旅游观光业和农产品加工业，多轮驱动，争取在较短的时间内实现由农业型村庄向农旅商互动型村庄转变、由温饱型村庄向宽裕型村庄转变、由改革型村庄向改革发展型村庄转变，彻底改变小岗村的对外形象，把小岗村建设成为中部地区社会主义新农村建设的典型代表。

建立“一核、一区、一片、多点”的产业分布格局。“一核”指的是小岗村服务业集中建设区，重点打造文化休闲产业、商贸服务产业和旅游相关产业所集聚形成的产业发展集聚核；“一区”指的是小岗村工业园区；“一片”指的是现代农业观光片；“多点”指的是特点鲜明的农业基地，如葡萄种植基地、食用菌种植基地等。

（二）政策建议

本书认为，推动小岗村走上富裕之路的必然选择在于：在自身资源处于劣势的情况下，确立科学合理和可持续的产业发展思路，通过三次产业互动发展，充分打造小岗村的特色产业链，以生态农业和观光农业模式为基础，以农产品加工和特色增值服务为核心发展工业，以农业生态旅游、红色旅游、历史名胜旅游为重点发展第三产业，力争在“十四五”期间让产业发展再上新台阶。

第一，开发利用农业资源是农村经济发展的基础。农村土地资源的优化配置是农业资源配置和农业可持续发展的核心。农业土地资源的合理配置应该以农业产业结构的调整优化为导向，从保护土地生产能力的角度出发，加强市场观念对农业产业结构调整的指导作用，引导农民合理调整农业用地结构和布局，发展适应市场需求、优质高效的农产品。充分结合小岗村改革和发展的实际情况，调研并分析在市场经济条件下的农村土地资源配置情况，对农村土地进行科学论证，合理配置农业土地类型。鼓励农民调整种植结构，切实提高农业综合生产能力，促进农业可持续发展。在农业生产方面，充分挖掘土地潜力，完善土地承包经营权流转机制，全面实现农村土地资源配置市场化，整合闲置空间与低效用的土地，确保农业产业结构合理，最终实现经济、社会、生态三者有机统一。

农村传统产业必须相应调整，以前凭借小批量、低层次、低成本、低价格占有市场，目前多数产品市场已经饱和，消费群体对商品的选择性加强。小岗村工业产业结构调整必须适应新的经济格局，以结构转型来提高农村经济发展的质量和水平。中小型的村级工业企业应继续发展劳动密集型产业，立足农村市场，把产业结构调整的重点放在工业企业组织结构改革方面，在提高产品质量、降低产品成本、突出产品和服务特色方面苦练内功，着力提高企业的市场竞争力。另外，应结合自身优势，瞄准某些特定的目标市场及消费群体，逐步建立起企业自身牢固的生存基础和发展空间。应利用小岗村品牌效应，积极加强与大公司的业务合作，努力提高村级工业企业抵御外部风险的能力。

第二，小岗村应重新培育优势农产品加工业项目，组建以大型农产品加工企业为龙头、中小企业相配套的企业结构，充分发挥龙头加工企业的辐射功能。要把农产品加工业的发展作为产业调整和结构升级的关键环节，注重提升农村工业与农业的关联度。农产品流通加工为当地农业发展提供大量的劳动岗位，让农民和加工企业创造农产品附加值，分享加工环节的利润。小岗村在农业产业化经营的基础上发展流通加工业，有利于把农产品的品牌优势转变为经济优势，尤其是利用特色农副产品加工出高附加值的产品。小岗村产业结构调整应以农村资源为依托，以农产品为辅料或原材料，加速农产品商品化和产业化的进程，以建设农产品市场流通体系为契机，推动农村第三产业发展。调整农村工业发展思路，在原有的工业基础上调整农村产业结构，重点发展农产品初级加工和深加工产业，适度提高农产品和食品加工业在农村第二产业中所占的比重，实现农村三大产业协调发展。

第三，注重营销策划，进一步融入周边旅游体系。小岗村距离南京、合肥、蚌埠、淮南等城市不远，具有地理优势，要在周密规划的基础上实现旅游资源互动、联合经营，共树品牌。提升农家乐经营集吃、住、游、购、乐于一体的特色，应推出当地的特色菜。在住宿方面，要想留住游客，必须要有良好的住宿环境，要提升住宿条件，仅仅依靠睡通铺、拼床的方式是远远不够的。小岗村应通过农家乐旅游协会，在各方面的帮助下，开展乡村旅游经营，可开发与农业生产紧密结合的项目，如在果实采摘季节，可以从大学生实践和中小学生假期全家游等项目起步。根据市场需求，要适时培育和推出游客乐于参与的家畜、家禽饲养和乡村水果采摘活动，吸引城市居民到乡村参加生产劳动和农业经营活动，这样在延长游客滞留时间的同时，也增加了经济效益。

小岗村应当结合风土乡情，以重点旅游景区为核心，带动、辐射和吸收周边乡村的农民参与旅游接待和服务。可以利用农家空出来的闲置房间，稍加改建，开设度假农庄，让前来度假的游客可以住在农家，与农户一起生活，亲身参与农事活动，体验农家生活。这样游客在观光度假之余，亦能欣赏田园风光。实行家庭化经营，既迎合了旅游市场发展的需求，又调动了农户参与的积极性。

第四，重视教育，努力提升村民的素质。小岗村的可持续发展，不在于一时地提高多少产值、发展多少企业、开发多少景点，而是应从根本上注重人文素质的提升。村民应当正确认识和保护好风俗文化，不能一味地追求经济利益，要正确处理外来文化、传统文化和红色文化之间的关系。要加强对村民尤其是服务人员的教育、管理工作，使得小岗村的旅游特色得到充分展示。

第三章　小岗村商品流通研究

小岗村商品流通研究作为整个调研课题的重要组成部分，其目的就是通过实地调研，掌握小岗村社会再生产过程中的流通环节的基本状况，分析商品流通状况对小岗村经济社会发展的影响，并探索如何通过商品流通的改革来带动整个小岗村经济社会的发展。

本课题的实地调研活动分为四个阶段：第一阶段是2011年7月14—16日，第二阶段是2012年7月21—23日，第三阶段是2016年7月12—13日，第四阶段是2017年5月5—7日。笔者参加了第二阶段、第三阶段、第四阶段的实地调研活动。

在第二阶段的实地调研活动中，首先，笔者走访了小岗村的相关领导，主要了解小岗村商品流通的概况，包括小岗村村民生产和生活消费需求以及产品来源和渠道、农产品以及农产品深加工，特别是小岗村企业的流通状况；其次，笔者走访了小溪河镇的一部分农资店和小岗村的农资店以及小岗村的一部分日用品超市和土特产店，了解其经营范围和业态、面向的顾客群体及其需求特点、进货渠道、促销手段以及店铺经营管理等；最后，笔者实地调查了小岗村的一部分村民，重点调查三类村民，即专业户、外出打工者和普通村民。对于专业户，需要了解他们养殖或种植的信息来源、养殖或种植方法，养殖或种植所使用的化肥、农药、饲料的来源，家庭收入和家庭消费状况。而对于打工者，则了解他们打工的地点、企业名称以及所从事的工作岗位，了解他们的打工收入、家庭收入以及个人和家庭的消费需求，还需要了解他们对小岗村经济社会发展状况的看法。对于小岗村的普通村民，主要了解他们的生产状况、经济收入和消费需求。

在第三阶段的实地调研活动中，笔者调查了小溪河镇和小岗村的相关领导，并且对小岗村的部分个体经营户和农户进行了回访，重点了解小岗村在这四年中的变化情况。

在第四阶段的实地调研活动中，笔者对以前的调查对象进行回访，并了解小岗村的最新信息。下述内容就是对这些调研资料的总结。

第一节 小岗村商品流通概况

小岗村商品流通领域中的产品有四个部分：一是小岗村村民和企业所生产的产品；二是小岗村村民以及企业从事生产活动所必需的生产资料，主要表现为各种农资产品；三是小岗村村民衣、食、住、行等日常生活用品，如食品、服装、卫生用品等；四是小岗村村民生活和企业运行所产生的废弃品。

一、农产品流通

农产品又包括种植业产品和养殖业产品，这两类产品的经营是小岗村传统的产业。而加工业则是近年来新发展的产业。之所以把农产品流通放在第一位，是由于农产品的销售收入是村民经济收入的主要组成部分之一。

（一）种植业产品的商品流通

在小岗村，种植业包括传统种植业和新兴种植业。

1. 传统种植业农产品流通

在小岗村，传统种植业农产品主要包括水稻、小麦、黑豆、玉米、黄豆、绿豆、红豆、花生和芝麻等。这类农产品大多进入市场，当然也有个别从事养殖业的村民把自家的粮食和蔬菜分为两个部分：一部分留给自家人食用，另一部分则作为饲料使用。

（1）水稻和小麦的流通。在小岗村的传统种植业农产品中，种植规模最大的是水稻和小麦，水稻和小麦也是小岗村村民最主要的粮食品种。据小岗村干部估计，在2016年以前，小岗村生产的水稻和小麦中约有80％被投入市场。原因在于，小岗村村民中只有一部分年纪较大者除留足口粮以用于自家食用之外，剩余部分在收获粮食时就会立即卖掉，而大多数年纪较轻者（40岁以下）会在收获粮食后立即全部卖掉。年纪较轻者认为，他们这样做虽然导致全年的粮食都需要购买，但由于差价并不大，给家庭增加的经济负担有限，而且购买粮食非常便利，还避免了储存粮食和因鼠害、虫害而产生的损失以及因储存粮食容易霉变（特别是在梅雨季节）而带来翻晒的麻烦，另外堆放粮食还不利于家庭环境的整洁和卫生。更重要的是，经过统一规划和建设的小岗村村民的居住空间很有限，没有多余的房间用于堆放和储存粮食。然而年纪较大者则认为，留足口粮虽然带来一些麻烦，但比较经济实惠，另外食用自己种植的粮食也比较放心。

水稻和小麦的基本销售渠道是：农民—流动商贩—粮食加工企业和粮站。

粮食加工企业包括各种经营规模的国有和民营粮食加工企业，他们中既有利用水稻和小麦加工成大米和面粉用于销售的初加工企业，又有把水稻和小麦加工成各种食品的进一步加工和深加工企业。粮站是国家粮食储备机构，每年因更新储备粮而必须收购一定的粮食。

流动商贩有两类：一是一些粮食加工企业和粮站的员工，他们为自己所在的企业或粮站收购粮食。他们所做的工作其实就是自己所在的企业或粮站向农民提供的服务，目的在于提高企业或粮站的市场竞争力；二是个体经营者，他们收购农民的粮食之后再转卖给本地的粮食加工企业或粮站，抑或是转卖到外地。每到粮食收获季节，就会有一大批流动商贩开着卡车来到农民的田间地头，以“一手交钱、一手交货”的方式大规模收购农民的粮食。

（2）黑豆的流通。2005—2012 年，黑豆是小岗村种植面积仅次于水稻和小麦的杂粮品种，也是小岗村周边地区乃至整个凤阳县大面积种植的农作物之一。黑豆是一种高营养食品，且具有较高的市场价值，因而受到小岗村及周边地区村民们的追捧，成为农民收入的重要来源之一。黑豆的流通渠道有以下几种情况：

一是农民—食品加工企业。其中最具有代表性的是小岗村黑五类专业合作社通过收购农民的黑豆来生产黑豆系列食品。但需要强调的是，该合作社在小岗村收购的黑豆并不多。

二是农民—黑豆销售者—消费者。一些企业或个人通过收购农民的黑豆，转卖给外地的企业，用于加工或者出口。

2012 年 7 月，笔者在小溪河镇调查时发现一家专业收购黑豆的企业，他们把收购到的黑豆加以精选、晾晒和包装后，销售给南京、上海等地的客商，其中一小部分被用于市场零售，大部分被用于加工成食品后在国内市场上销售。据该收购企业的老板介绍，在凤阳县城还有约 13 家规模较大的黑豆经营企业，一直收购大量黑豆。当时，农民种植黑豆有利可图，致使凤阳县黑豆种植面积扩大、总产量大大提高。近年来，随着日本和韩国等黑豆主要市场的萎缩，黑豆价格回落，每斤只有 2.3～2.5 元，致使一部分村民将其收获的黑豆储存起来，准备等价格上涨后再销售。比如，小岗村村民严飞在 2011 年和 2012 年共收获黑豆5 000余斤，由于黑豆价格太低而全部储存在家中。村民黑豆滞销的情况经报道后，引起滁州市人民政府和凤阳县人民政府的高度关注，相关部门积极采取多种措施帮助农民销售黑豆，最终有4 000余吨黑豆销往合肥、无锡等地，此外还有江苏、上海、天津、湖南等地企业来电商谈黑豆收购事宜。

2016 年 7 月，当笔者再次到小岗村调查时发现，由于黑豆价格进一步下跌且销路不畅，当地村民绝大多数已经不再种植黑豆。2017 年笔者再次回访时发现，小岗村种植黑豆的农户就更少了。

（3）其他杂粮和蔬菜的流通。小岗村村民种植的其他杂粮品种还包括玉米、黄豆、绿豆、红豆、花生和芝麻等，但由于种植规模有限，总产量并不高。这类杂粮产品的销售渠道有四类：其一，种植户—集市—消费者。其二，种植户—流动商贩—粮食加工企业或消费者。在这里，流动商贩与粮食的情况是基本一致的。其三，种植户—游客。这种渠道是针对在自家开设超市的小岗村村民，他们把自己收获的这类农产品加以包装后，通过自家的超市销售给外地的游客。其四，种植户—外地消费者。这是近年来电商兴起的产物。有少数知识水平较高、理念较为先进的小岗村村民，开始建立网店，通过电商渠道销售他们的农产品。

村民种植的蔬菜大多用于自己食用，基本上自给自足，只有较少的一部分是用作小岗村餐饮业的食材。

2. 新兴种植业农产品流通

新兴种植业是近年来小岗村新引进的经济作物，先有蘑菇后有甜叶菊等，均先后失败了，目前主要有葡萄、草莓、蓝莓、树莓、樱桃和花卉等。新兴种植业是一种高度商品化的产业，其产品全部是用来销售的。

小岗村的葡萄种植开始于 2001 年。当时，江苏省张家港市长江润发集团无偿援助小岗村一部分葡萄种苗和一整套的葡萄种植技术，形成了 5 万平方米的葡萄园。之后，越来越多的村民发现葡萄种植有发展前景，也开始陆续地小规模种植葡萄。其中，最具有代表性的是严德友，他通过承包江苏长江润发集团的5万平方米葡萄园，后来又通过土地流转的方式，使其葡萄园面积达到17万平方米，每年生产的优质葡萄广受欢迎。

严德友的葡萄销路分为两个方面：一是通过与江苏大客商建立固定的供销关系，每当葡萄成熟时对方就会一次性将其收获的葡萄全部买下运走；二是对少量的由于晚熟、过度成熟和品相不太好而没有被江苏大客商一次性购买的葡萄，会在小岗村周边通过批发零售的方式来销售，其批发对象一般是水果商贩，而零售对象主要是周边村民。

严德友承包的葡萄示范园，如图3-1所示。

图3-1　严德友承包的葡萄示范园

还有其他葡萄种植户，如严德柱和严飞等，他们是在自家的责任田里种植葡萄，规模普遍较小。另外，他们的葡萄销售渠道也基本一致：到附近集市向周边村民零售以及批发给水果商贩，再由商贩零售给周边居民。

村民的葡萄园，如图3-2所示。

2016年7月，笔者实地调查时发现，小岗村的葡萄种植业有了一定的变化。大部分葡萄种植户更新了品种，基本种植优质的夏黑葡萄。他们除了按原先的销售渠道销售葡萄，还创办了葡萄酒酿造家庭作坊，

图 3-2　村民的葡萄园

在小岗村沿街门前摆摊，或在自家的超市里销售他们自制的葡萄酒。葡萄种植大户严德友也建立了葡萄酒家庭作坊，将其自行销售的一些品相不太好或因供过于求而销售困难的葡萄用于酿造葡萄酒。笔者在小岗村调研时也亲眼见到游客购买这种葡萄酒。小岗村葡萄种植户酿造的这种葡萄酒虽然是“三无产品”，但他们都言之凿凿地声称其酿造的葡萄酒是高质量的，而且还有一位游客声称曾经购买过这种葡萄酒，并称赞其质量不错。小岗村葡萄种植户普遍认为，这一做法解决了他们的重大问题，能够避免因葡萄产量较大或销售困难而导致价格下跌，从而保证他们的葡萄经营收入相对稳定。

小岗村的草莓种植业是 2016 年之后逐渐发展起来的新行业。2017 年 5 月，笔者来小岗村调研时，小岗村的草莓种植者有杨伟、杨玉斌、赵月奇等。杨伟是小岗村团委书记，2012 年从部队退伍后外出打工，2016 年回乡创业。他不顾家人反对，坚决承包了 4 个大棚种植草莓，创办了“小岗奶油草莓采摘园”（图 3-3），效益可观。2017 年，杨伟扩大了种植面积，又承包了 8 个大棚。

小岗村的蓝莓、树莓和樱桃等特色水果的种植任务都是由“金小岗”集团承担（图3-4）。“金小岗”的产品销售渠道都是直销模式，分为两类：一类是面向前来观光的游客，主要是销售水果和花卉；另

图 3-3　杨伟创办的“小岗奶油草莓采摘园”

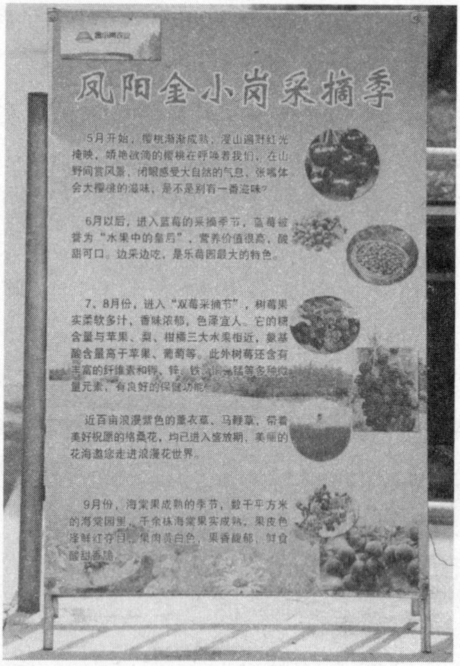

图 3-4　凤阳金小岗采摘季

一类是直销给其他企业，比如把经过观光者采摘的剩余水果和花卉销售给长三角地区的超市、酒店，把薰衣草销售给加工企业，把他们培育的这类种苗销售给水果、薰衣草和花卉的种植者。此外，他们生产的水产品主要销售给各大酒店。

（二）养殖业产品的商品流通

在中国，养殖业包括传统养殖业和现代养殖业。传统养殖业是在中国长期的小农经济基础上产生和发展起来的养殖方式，其突出的特点是规模小、分散且落后。而现代养殖业是在市场经济的基础上形成和发展起来的，其特点集中表现在高度专业化、技术先进化等方面。

由于传统养殖业所衍生的乡村卫生环境较差等一系列的问题，小岗村的传统养殖业已基本消失。笔者走访小岗村时，没有见到在传统的中国乡村随处可见的家禽家畜。小岗村的养殖业已发展成有一定规模和一定专业性的新型养殖方式，包括养猪、养牛、养鸡和养羊等。

目前，小岗村的养殖形式有两种：

一是家庭养殖形式。在小岗村，较早的家庭养殖者中包括养猪和养鸡的马开然、养牛和养鸡的严德宽、养鸡和养鱼的严飞以及养猪和养羊的刘长珠等。

在他们中间，最具有代表性的是严德宽。严德宽是严德友的大哥，他家的劳动力只有他夫妻二人，但他家不仅有较大规模的肉牛饲养场，还饲养一部分土鸡，并种植自家的6 000多平方米责任田。严德宽的家庭肉牛养殖规模的发展速度一开始非常缓慢，因为严德宽夫妻总是担心肉牛销路不畅而不肯轻易扩大养殖规模。2013 年后，严德宽夫妻发现肉牛销路不是问题，于是就开始大胆地扩大养殖规模。2016 年，其牛群规模明显扩大。然而 2017 年，严德宽夫妻觉得太累，又将其牛群规模缩小到 30 多头牛。购买者除了屠宰企业和屠宰户之外，还有肉牛养殖者。这是由于百姓的生活水平迅速提高，高质量的牛肉越来越受消费者欢迎，从而推动越来越多的人加入肉牛养殖行业。

严德宽夫妻还经营一个家庭养鸡场，饲养了 100 多只土鸡，土鸡和土鸡蛋基本上除了自家食用之外都销售给小溪河镇及周边地区的饭店。此外，严德宽夫妻对他们的责任田也是尽心尽力，就像小岗村其他农户一样，他们会最大限度地有效利用其承包地，以生产更多的水稻、小麦以及部分杂粮等，而且他们生产的粮食基本上留作自家的口粮和饲料。

2011 年，村民马开然养 60 多头猪和 140 多只鸡。马开然原先是兽医，具有养殖家禽所必须具备的防疫知识。他向市场提供的产品就是生猪、公鸡和草鸡蛋。公鸡和草鸡蛋都是在小溪河镇集市售卖，而生猪则是卖给猪贩和屠宰户。由于小岗村及其周边村庄有多个猪贩和屠宰户，因此其销售生猪的办法是：等猪快出栏的时候比较猪贩和屠宰户提供的收购价格，再将生猪卖给出价最高的猪贩或屠宰户，事先联系妥当之后由他们上门付款收购。2014 年，马开然不再养猪了，而是将其养鸡规模进一步扩大。他认为，养猪和养鸡并举，加上耕种自家的责任田，确实忙不过来。2016 年，马开然由于年事已高，决定不再从事养殖业。

小岗村村民严飞也饲养了大约 1100 只草鸡、500 只旱鸭和 10 只鹅，是从 2012 年春天开始经营家禽养殖。他的活禽产品的销路就是通过小溪河镇农贸市场批发零售，或供应给小岗村及其周边地区的饭店等方式来销售。另外，严飞家还经营耕地6 000多平方米。2016 年，严飞不再饲养家禽，将自家3 000多平方米的承包地开挖成鱼塘，开始养殖水产品，主要养殖品种就是鱼和泥鳅。他认为，他的养殖收入较低，主要原因就是资金不足，无力采购足够的高质量鱼苗和泥鳅。严飞的水产品销售渠道基本上是直销，有两种形式：一是他到小溪河镇或周边集市摆摊，向周边地区的消费者销售；二是小溪河镇及周边地区的餐饮业者上门购买他的水产品。

近年来，小岗村村民中的外出打工者越来越多地开始回乡创业，在他们中间，从事养殖业的主要有杨越岭、杨玉贵、杨玉宝等。杨越岭和韩正娜夫妻创建了“心易”家庭农场来大规模地养羊，而且他们还注册了自己的品牌——“玉玲珑”。杨越岭和韩正娜夫妻销售的产品主要是活羊，其销售渠道主要是直销：一是以顾客认养的方式一对一直销；二是直接提供给凤阳县城及周边地区的饭店。杨越岭夫妻的销售方式十分新颖，而且他们还在自家住房的外墙上印刷了大幅的广告（图3－5），可谓是独树一帜。

杨玉贵和杨玉宝从事生猪饲养的同时还通过土地流转，大面积种植水稻。杨玉贵饲养生猪 200 余头，种植水稻6 000多平方米；杨玉宝饲养生猪 100 余头，种植水稻也有6 000多平方米。他们的生猪主要卖给周边的猪贩和屠宰户，而水稻则是卖给周边的粮站和粮食加工企业。

图 3-5　杨越岭和韩正娜夫妻在自家的墙上为其“心易”家庭农场所做的宣传标语

二是企业养殖形式。目前小岗村只有一家企业，即安徽小岗宝迪种猪科技有限公司（图 3-6）。安徽小岗宝迪种猪科技有限公司是由天津宝迪农业科技股份有限公司投资，也是凤阳县 2010 年重点招商引资项目之一。该项目建设总投资 6 亿元，配套 6 万吨饲料加工厂、一座年

图 3-6　安徽小岗宝迪种猪科技有限公司

处理粪污10万吨沼气发电污水处理场及年产1万吨的生物有机肥厂。“宝迪”作为现代化的专业生猪养殖企业，其产品销售渠道无一例外都是直销模式，他们向社会提供的产品主要有供应超市的冷鲜肉及其加工品，供应给其他生猪养殖者的种猪。

二、生产资料流通

根据小岗村产业发展状况，其生产资料需求主要是农资产品加工业生产资料产品。其中农资产品包括种植业农资产品和养殖业农资产品。小岗村的加工业基本上是外地商人和企业投资创办的规范化和规模化的现代企业，因此这里就不再讨论这个问题。

（一）种植业农资产品流通

小岗村传统种植业农资产品主要包括化肥、种子、农药、农机以及农具等。化肥、农药、农机和农具一般是村民根据自己的需要从农资店直接购买的。而种子则不同。在2016年以前，小岗村每年大约种植水稻7平方千米、小麦6.67平方千米，自2016年由于土地流转规模的扩大致使耕地面积大幅度缩小，但仍然有较大的种植面积，因此村民对水稻种子、小麦种子的需求量较大。小岗村领导对这些种子进行统一采购，这既能给村民提供便利，又能确保质量合格、价格合理。一些种植规模不大的农作物，如玉米、芝麻、红豆、绿豆等则采用村民到农资店自行购买的方式来进行。村民采购化肥、农药和种子时，大多数是从位于小岗村严岗新区的凤凰岭农资连锁集团小岗村农资超市中就近购买的，只有一小部分是来自小溪河镇以及周边村庄的农资店。小溪河镇各农资店经营的农资产品基本是由凤阳县城的各大农资批发企业或批发零售兼营的企业送货或配送，而位于小岗村的凤凰岭农资连锁超市所销售的农资产品包括化肥、农药等由凤凰岭农资集团负责统一配送。另外，村民们需要的农机和农具基本上是从小溪河镇的农资店购买。

小岗村新兴种植业的生产资料主要有种苗、化肥、饲料、农药（或禽药、兽药）等。在小岗村的葡萄种植业中，各经营户的种苗、化肥和农药的来源不尽相同。严德友经营的17万平方米的优质葡萄园的种苗中，有一部分来自张家港长江润发集团支持的优质夏黑无籽葡萄，剩余部分的优质葡萄种苗是他自己通过长江润发集团提供的信息联系购买的。严德友的葡萄种植技术也来自长江润发集团。严飞的葡萄种苗是凤阳县有关部门帮助联系购买的，但由于是普通品种，致使其每年收获的葡萄品质一般且价格低，亩产葡萄所获收益远不如严德友。即便如此，他种植葡萄所获得的收入仍远高于种植粮食或其他经济作物所获得的收入，因此他在2012年时还计划购买夏黑葡萄种苗，并对其原有的3 000多平方米的葡萄园进行品种更新，扩大种植面积。严飞认为，由于自己缺乏葡萄种植方面的信息，因此其葡萄种植技术也不过关，他所用的化肥、农药也都是自己采购的。

严德柱有8 000平方米的葡萄园，其中约有一半是其兄弟严德友帮助购买的优质夏黑无籽葡萄种苗，另一半是与严飞一起采购的；其化肥和农药是由其兄弟严德友代购的。小岗村其他葡萄种植户的葡萄种苗以及化肥、农药的采购渠道与严飞大致相同。

（二）小岗村养殖业农资产品流通

小岗村的养殖业中所需要的生产资料主要有禽畜种苗、饲料、禽畜药等，基本上由养殖者自行购买。

养殖户严飞养鸡时所用的鸡苗来自朋友介绍的合肥商贩，所用的饲料最先是到小溪河镇的淮北极速饲料公司直销处购买的，后来他得到有关凤阳县临淮镇饲料公司批发零售饲料的信息后，就改到临淮镇饲料公司批发质优价廉的饲料，其防疫用药也是到小溪河镇购买的。严飞不仅养鸡，还开挖鱼塘，并亲自到肥西县考察泥鳅养殖，从那里引进了一批泥鳅种苗，并由对方提供养殖技术，开始小规模养殖泥鳅。他说，如果养殖成功，则会扩大养殖规模，将其现有的责任田全部改造成泥鳅养殖池，甚至可能专门从事泥鳅养殖。

严德宽在春、夏、秋季基本上通过散养的方式来养殖肉牛，充分利用小岗村一带茂盛的植被，只有到冬季由于草木枯萎才在干草中加入适量的饲料，因此他使用的牛饲料很少。他养殖土鸡基本上不从外面购买饲料，而是使用自家责任田里种植的粮食。另外，严德宽养牛和养鸡所用的兽药以及少量的牛饲料都是在小溪河镇购买的。

杨越岭、杨玉贵和杨玉宝通过网络来联系供应商，从而购买动物种苗、饲料和药品。

三、小岗村生活用品流通

（一）小岗村的食品流通

“民以食为天。”食品是小岗村需求量最大的生活用品。在小岗村市场，食品的顾客群体包括两类：一是小岗村村民，二是来自全国各地的游客。

1. 面向小岗村村民的食品流通

小岗村村民购买的用于自己消费的食品主要有粮食、食用油、烟酒、肉禽蛋、蔬菜、调味品、小食品、饮料和冷饮等，这些食品基本上是从小溪河镇批发来的。村民们购买这些食品，基本上是去小岗村的超市或小卖部；但村民如果外出，比如去小溪河镇或到凤阳县城时也会顺便购买一些食品。

在粮食方面，小岗村村民在家中储存的粮食越来越少，因此大米和面粉等主粮的需求量很大。小岗村石马新区居民周地盘在其家中开设的“地盘商超”的大米和面粉等主粮的销量非常可观。2011 年该店在石马新区销售了超过5 000斤大米；2016 年之后，由于新农村建设，石马新区附近几个自然村的村民进入石马新区居住，导致石马新区居民人数增加，虽然石马新区又新开了两家粮油食品店，但该店的销售规模仍然有所扩大。另外，位于小岗村严岗新区的“小岗粮油超市”（图 3-7）的店主陈女士也坦言，大米和面粉的销量很好，是她经营的小超市中盈利最多的产品。

图 3-7　小岗粮油超市

在食用油方面，小岗村及其周边地区的居民除了种植少量的芝麻之外很少种植油料作物，因此他们的食用油基本是从市场上购买的，这就决定了食用油在小岗村的销售量相当大。小岗村村民购买的食用油主要有色拉油、豆油、芝麻油等。比如，小岗村石马新区居民周地盘经营的“地盘商超”（图 3-8）中销售的桶装色拉油的数量很可观，2011 年就超过 300 桶，2013 年增加到 500 多桶，2015 年在石马新区新增加 2 家粮油食品店的情况下，该店的销量依然没有下降。

图 3-8　小岗村石马新区村民周地盘开设的“地盘商超”

村民对鸡蛋、蔬菜和调味品的需求也很大。近年来，由于小岗村的新农村建设卓有成效，村民们已逐步改变了几千年的传统，基本上不再饲养家禽家畜，因此村民们对肉禽蛋等动物蛋白质食品的需求都不可能再通过自给自足的方式来解决，而只能通过到市场上购买的方式来实现。另外，村民虽然种植一部分蔬菜用于自己消费，但也会购买一些蔬菜，主要是反季节蔬菜，同时也购买少量的应季蔬菜和比较高档的蔬菜。在小岗村石马新区居民周地盘开设的“地盘商超”中，冷冻肉食品如鸡翅和鸡腿的销售量很大，鸡蛋的销量也非常可观，青椒、冬瓜、豆角、黄瓜和西瓜也非常受当地居民欢迎，而调味品（盐、酱油、醋、味精）也有一定的销量。

小食品、饮料在小岗村也有很大的销量。小食品、饮料的顾客群体主要是青少年。近年来，村民的经济收入快速提高，使得村民有一定的消费能力。同时村民中也有相当多的人外出打工，大多数家中只留下年幼的孩子和年迈的老人，这就进一步扩大了小食品的需求量。比如，在小岗村石马新区居民周地盘开设的食品店中，各种小食品和饮料的销量非常好。另外，周地盘还建设了一个专门用于储存冷饮产品的小型冷库，每到夏季其冷饮的批发零售生意异常火爆。

2017 年，笔者再次回访时发现，周地盘和周地雷兄弟都对他们的小店进行了再次装修，而且店内的货物品种更加丰富。周地盘还开辟了新的业务，开始为村民代购，而且他的小店已成为快递业在石马新区的业务网点（图 3-9）。笔者与周地盘先生进行了简短的交谈，他虽然很谦虚地说他的小店生意很一般，但其自信心和自豪感溢于言表。

图 3-9　周地盘开设的“地盘商超”店内情景

2. 面向游客的食品流通

小岗村是中国农村经济体制改革的发源地，还是当代中国名村之一，目前已成为国家 AAAA 级景区。2012 年 7 月 3 日，《安徽日报》报道：2011 年小岗村接待的游客总数就超过 73 万人次。据小岗村村民反映，每到旅游高峰时节，小岗村街道上游客众多，人头攒动，拥挤不堪，最多时一天有上万名游客涌进小岗村。日趋庞大的游客群，为小岗村催生出了一个越来越庞大的旅游服务市场。

与商品流通相关的旅游市场主要有旅游餐饮、食品市场以及旅游纪念品市场。就小岗村目前的状况而言，旅游纪念品市场还没有好好开发，现有的纪念品主要是小岗村地方特色产品，以黑色杂粮为主，主要有黑芝麻、黑豆、黑花生、黑米、黑荞麦、黑糯米、黑小米以及绿豆、红豆、玉米等杂粮及其加工品。

大量的游客催生出越来越大的餐饮需求，因此各家饭店所消耗的主副食品数量也是一个庞大的数字。小岗村的饭店除了小岗培训中心和小岗干部学院之外，还有一些农家乐性质的餐馆，如严德双的金昌食府、管正果的小岗梦·大包干农家土菜馆、严静的小岗村人家饭店、严德全的小岗庄园饭店、关雪莉的小岗村土菜馆等，其中较为成功的主要有小岗梦·大包干农家土菜馆、金昌食府、小岗村人家饭店和小岗庄园饭店。

据了解，小岗培训中心和小岗干部学院的食材完全依赖外购，小岗村农家乐饭馆所消耗的食材中，主食和少量的蔬菜来自店主自家地里，大多数蔬菜则依赖外购，而动物蛋白质食品则基本上依赖外购，其进货渠道主要是小溪河镇及周边的养殖业者和屠宰业者。当然，也有少数饭馆利用自家水塘养殖鱼虾和自己养殖土鸡等方式来提供一部分动物蛋白质食材。大多数饭店开辟了电话订餐渠道，还有少量的饭店已推出网络订餐渠道。需要说明的是，小岗村的这些农家乐性质的餐馆除了向游客提供餐饮服务以外，还向游客销售产品，特别是地方特色产品。

经营日用品和地方特色产品的小超市和小卖部，向外地游客出售旅游食品（如饮料、香烟和各种小食品）以及小岗村的地方特色产品（如黑豆、绿豆、红豆、黄豆、芝麻及其加工品）。在这些产品中，旅游食品的进货渠道主要是由凤阳县城、小溪河镇以及其他集镇的批发企业派人上门送货推销，而土特产主要有自家产品和小岗村及周边地区的村民提供的产品，还有凤阳县城等地企业生产的多种食品。这些小超市和小卖部中，有几家采用了电商渠道，通过开设淘宝网店的方式，向全国的顾客销售他们的产品。

（二）小岗村生产方面的产品流通

人们对衣着方面的需求包括服装、首饰以及化妆品等方面。小岗村村民在职业、年龄、性别、家庭以及自身经济条件、受教育水平、个性特征等方面各有特色，因此他们在购买这类产品时呈现出一定的差异性。

一般而言，小岗村村民购买服饰用品有六个渠道：一是集市，包括小溪河镇的自由市场以及附近村镇的集市，这里出售的服饰质量和价格都较为低廉；二是小溪河镇的商场、超市和专卖店，这里的服饰在质量和价格上都要高于前者；三是凤阳县城中的自由市场，其服饰的质量一般，但价格应该是最低的；四是凤阳县城的商场和专卖店，其质量较高、价格也较高；五是蚌埠市的商场和专卖店，其产品质量比凤阳县城的商场和专卖店可能略微高一些，价格也更高一些；六是网店，电商在中国的兴起和繁荣，必然会对小岗村村民特别是其中的青年人群体产生影响。其总体特征是，年龄较大者、经济条件较差者、蓝领职业者以及不太讲究者，可能更倾向于到小溪河镇或附近的集市上购买；受教育水平较高者、个人经济条件较好者、白领职业者或者对服饰较为讲究者，原先可能会更倾向于到凤阳县城的商场和专卖店购买，现在则越来越注重到网上购买。

人们对居住方面的需求包括住房以及室内的家具用品和装潢美化等方面。小岗村早先都是村民自行建造房屋并置办家具，后来政府统一规划，给建房的村民补贴 2 万元；2011 年开始的小岗村石马新区村民住房建设和 2014 年开始的小岗村严岗新区村民住房建设，作为新农村建设的重要组成部分，采取的是由村里统一招标购买建筑材料，并由中标的工程队按照规划建造统一规格的住房，再按补贴价格出售给当地居民的方式来进行。在获得新房的居民中，年纪较大者、经济条件较差者都不再寻求高质量的、复杂的室内装修，一般只是简单设计，有的居民还继续使用旧家具；年纪较轻者、经济条件较好者和较为讲究者都开始像城市居民那样，聘请专业的装潢人员对其新房进行考究的设计和装修。

其装修材料购买渠道如下：一是由专业的装修人员代买，这在石马新区和严岗新区的住房装修中占大多数；二是由要装修新房的村民根据自己的需求自行购买。

另外，装修新房的村民还有更新家具的需求。其中有一小部分对家具进行了全部更新，他们中有人购买了整套的家具，甚至还购置了整套的家电用品；还有一部分人置办了一些新家具，对家具进行了部分更新，或添置了新的家电用品。他们的购买渠道如下：一是到小溪河镇或凤阳县城购买，这种情况占多数；二是到网上购买，这种方式比较受年轻人追捧。

2016年7月12日，笔者走访了严岗新区的一户新婚家庭，25岁的男主人说，包括新房装修材料在内的几乎所有用品基本是从网上或蚌埠市购买，原先他们都想从网上购买，但由于电商企业对于家具和大家电等大件产品送货区域有限制而未能如愿。

近年来，小岗村经济有了一定的发展，村民们购置的交通工具数量越来越多，经济条件较好的村民基本上购买了私家车。

在农业机械化耕种方面，小岗村农业种植的技术水平、机械运用和水利设施较以前有较大的提高和改善。例如，水稻种植采用抛秧技术，并采用机器收割；小麦和豆类作物间歇种植。小岗村村民几乎家家都有农业机械和器具，大到拖拉机、收割机，小至抽水机、喷雾器等。由于土地流转出去了，多数机械处于闲置状态，村民也自发组织了农业机械合作社，用于统一储存、调配和使用。

水利设施是农业生产的命脉，对缺水的小岗村而言就更为重要。小岗村的农业用水主要取自上游的燃灯水库，村民反映外渠修建得很坚固，能够满足小岗村的需要，农业生产缺水的原因在于小岗村内渠建设缺乏规划和维护，多数地方出现坍塌和阻塞现象，导致引下来的水无法有效地保留在小岗村境内。

还有，在生产工具方面，中小型农业机械的普及程度高，而诸如拖拉机等大中型农业机械也具有相当程度的普及性（图3-10），利用

图3-10　小岗村农业机械合作社内的大型农业机械

农业机械来进行农业生产具有相当高的普遍性。2016 年 7 月，笔者在小岗区一户村民家中调研时，发现她家的院子中停放着一辆“东方红”轮式拖拉机和一辆崭新的小轿车。女主人笑容满面地说道：“拖拉机是 2013 年在凤阳县城购买的，价格 6 万多元，而小轿车是 2016 年初花 8 万多元在蚌埠市购买的。”

第二节　小岗村商品流通组织

小岗村商品流通组织是由小岗村内部的商品流通组织和小岗村周边地区的商品流通组织两个部分构成的。

一是小岗村内部的商品流通组织，即位于小岗村且直接为小岗村提供商品流通服务的流通组织。小岗村社会经济的商品化水平并不高，因此这类流通组织相对简单。从组织形态来看，专业从事商品流通的商品流通组织主要有小超市、小卖部、农贸市场等，兼营商品流通的商品流通组织则包括工业企业、新型的专业合作社和专业户等。由于工业企业的生产资料流通和产品流通都有其规范的渠道和模式，因此本节不再讨论这个问题，而是重点讨论小岗村自身的商品流通组织，包括小超市、小卖部、农贸市场、新型合作社和专业户等形式。

二是小岗村周边地区的商品流通组织。小岗村周边地区的商品流通组织虽然不是以服务于小岗村的商品流通为主要使命，但它们的存在对小岗村的商品流通具有重要作用。

一、小超市和小卖部

从经营范围来看，小超市和小卖部分为两大类：一是经营日用品和地方特色产品；二是经营农资产品。

（一）日用品和地方特色产品店

在日用品和地方特色产品方面，笔者发现小岗村一直没有比较正规的大型超市或商场，虽然开设了多家小超市和小卖部，但还是传统的小卖部或者比小卖部规模稍大的小超市。

1. 日用品和地方特色产品店的经营范围和经营规模

这些经营日用品和地方特色产品的小卖部和小超市有两类：

一是以经营日常生活用品为主。这类的小超市和小卖部有十多家，包括红手印超市、大包干超市、农家超市以及位于严岗新区的小岗村粮油超市和位于石马新区的周地盘粮油食品店和周地雷日用品店等。除了周地盘粮油食品店以经营粮油和冷饮品为主之外，其他的日用品店经营的品种主要有大米、面粉、食用油、小食品、饮料、香烟、酒、卫生用品、洗涤剂、蚊香、杀虫剂等。

2012 年 7 月，笔者与调查组部分师生同“小岗农家土特产店”的店主合影，如图 3 - 11 所示。

图 3 - 11　笔者与调查组部分师生同“小岗农家土特产店”的店主合影

需要强调的是，由于地理位置差异，这些商店所面向的顾客群体和经营范围都有所区别。位于严岗新区和石马新区的日用品店有别于位于小岗区的日用品店。这是因为，小岗区有大量的游客，而这些游客基本上不去严岗新区和石马新区，因此位于小岗区的日用品店面向的顾客群既有小岗村村民又有游客，而位于严岗新区和石马新区的日用品店则主要服务于本区的村民。正因如此，位于严岗新区和石马新区的日用品店基本上销售当地村民乐于接受的大众化产品。

二是以经营地方特色产品为主。这类土特产店大约有十家，包括凤阳县小岗土特产专卖店、农家超市、小岗村特产专卖店、当年农家土特产店、大包干旅游商店等。这些小超市中还有少数几家开设了网店，以电商方式销售土特产品。这些实体店都位于小岗村小岗区，因此它们可以选择以游客为主要的消费对象。这类店经营的产品是小岗村生产的以黑色杂粮为主的地方特色产品及其加工品，还包括诸如小岗村当地的企业生产的“黑当家”系列产品等，还有一部分的小岗村周边地区特别是凤阳县城的企业生产的各种食品等，店内也基本没有假货。

这些店的经营规模也有差异。这些日用品和土特产店中营业面积最大的是凤阳县小岗土特产专卖店和红手印超市，其占地面积大约为50平方米。这两家店是凤阳县城居民在此开设的，已持续经营了十几年时间。还有，2016年村民严余山利用自家门面房创办的“小岗村人创意礼品和土特产店”的营业面积也超过50平方米（图3－12）。

图3－12 村民严余山利用自家门面房创办的“小岗村人创意礼品和土特产店”

小岗村还有多家小超市和小商店，都是本村居民在自家的门面房中开设的，由自家人经营，面积基本上为20～40平方米。比如，小岗村小岗区村民吴先生2009年在自家的门面房中开设了“农家超市”，主要经营食品饮料和卫生用品等。2016年习近平总书记视察小岗村时曾经到该店与店主进行深入访谈（图3－13）。

当然，小岗村也有一些被小岗村村民形象地称之为“形象工程”的门店。2016年，凤阳县新百大超市有限公司在小岗村租赁门面，开设了一家规模稍大的分店——小岗直营店（图3－14），而且该店还是

图 3-13　2016 年习近平总书记视察小岗村时曾经做过访谈的“农家超市”

图 3-14　安徽“凤阳县新百大超市有限公司小岗直营店”

中国供销合作社“新农村现代流通服务网络工程项目”（图 3-15）。由于其经营范围基本上是日常生活用品，小岗村本地市场有限且早已被本村的多家小超市和小卖部瓜分完毕，因此该分店基本上没有开展正常的经营活动就关闭了。

图 3-15　中国供销合作社“新农村现代流通服务网络工程项目”牌匾

2016 年 7 月，笔者在小岗村实地调查时发现，由于小岗村旅游公司对游客采取了新的管理办法，即通过购置旅游车票，全体游客乘坐旅游观光车按照固定的线路运行，只在固定的旅游点停车游览，彻底改变了原先游客在小岗村沿友谊大道自由行走的状况，这样就造成了游客基本上无法再光顾大部分日用品商店，导致某些地理位置不佳的店铺生意一落千丈。

2017 年 5 月，笔者再次走访了位于小岗村小岗区的几家小店，相当多的店主表示生意惨淡，而且这些小店的经营范围也变化极大，经营的品种和进货的数量都大大减少。“当年农家土特产店”的店主反映，本来她的小店原先基本上是面向游客的，自从小岗村旅游公司推出新的管理办法以来，她的小店由于没有游客购买就基本上没有生意了，因此她的小店内只经营少量的家庭卫生用品和小食品，且基本上是供自家人消费的。她还说，在 10 多家小店中，有几家店已经关门歇业了。

2. 日用品和地方特色产品店的经营管理

相比较而言，凤阳县小岗土特产专卖店和红手印超市的经营管理稍微规范一些。这两个店的店主都懂得一些市场营销、企业管理的技能和技巧，他们通过租用小岗村的门面房来开展经营活动。而其他店的店主都是小岗村村民，他们没有接受过零售业经营管理和市场营销系统而专业的知识培训，没有接触过这方面的理论和知识，也基本上没有经商的经历。

村民们的知识和能力都是从实践中总结出来的，因此他们小店的经营管理非常简单而随意。在进货时机和进货品种的把握上，他们基本上没有科学的依据，先是看人家卖什么就卖什么，等自己有了一定的经验后再按照自己总结的市场需求特征来进货；在营销策略上，他们根据批发商给定的价格来销售，后来他们也逐步掌握了旅游业的惯例，将地方特色产品定一个远高于成本的价格，同时给朋友或大量购买者以一定的折扣，并允许朋友赊欠货款，他们使用的促销方式基本如此。即使是经营土特产品的小店，店主也普遍不懂得如何通过注册和使用品牌来塑造产品形象；在经济核算上，他们很少进行货物盘点，有的小店甚至多年来从未进行过任何盘点，因此有不少店主甚至对自家小店的年营业额和盈亏状况也都是一笔糊涂账。另外，他们开店的目标大多是补贴家用，因此他们并不奢求自家的小店能获得多高的盈利，也没有长远的发展规划。当然，也有个别小店的经营管理较为成功。比如小岗村村民严楠楠充分考虑到她家房子位于小岗村小学对面的地理位置，于 2008 年在自家的门面房中开设了主要经营儿童食品和小学生文具等产品的小岗爱心超市，同时还在家中创办了一所家庭幼儿园，经营业绩很可观。

小岗村的小超市和小店还有一个非常重大的变化，就是出现了网店。2016 年 7 月，笔者在小岗村调查时有新的发现，有两家日用品和土特产店还在实体店的基础上开设了网店，利用电子商务手段向外地顾客销售他们的土特产品。据这两家店主所言，他们的网店是由在外打工或求学的孩子回家后创办的，销售额很有限。2017 年 5 月，笔者走访小岗村时发现，小岗村的网店又有了新变化。

小岗村村民严余山是小岗村“大包干”带头人之一的严俊昌的儿子，在广州、深圳、上海和北京等地打工和学习长达 21 年的时间。他对小岗村的致富之路进行过探索，拜访过知名的专家学者，于 2016 年回到小岗村后与北京慧根网合作创办了小岗村农村电商为民服务中心和“小岗村人创意礼品和土特产店”，创建了“小岗梦”品牌，向游客销售“创意礼品”和“土特产品”，并为村民代购他们想要的产品。在严余山的店中，有“小岗梦”牌系列产品，如芝麻油和冷榨非转基因黑豆油（图3－16）、绿豆饮料（图3－17）、白酒（图 3－18）等，还有

图 3-16　严余山“小岗村人创意礼品和土特产店”中
销售的“小岗梦”牌芝麻油和冷榨非转基因黑豆油

图 3-17　严余山“小岗村人创意礼品和土特产店”中销售的“小岗梦”牌绿豆饮料

图 3-18　严余山“小岗村人创意礼品和土特产店”中销售的“小岗梦”牌白酒

销售的印有“小岗村”字样的精品杯（图3-19）、“小岗村”牌白酒（图 3-20）以及凤阳花鼓（图 3-21）等包装精美的特色产品。

图 3-19　严余山“小岗村人创意礼品和土特产店”中销售的
印有“小岗村”字样的精品杯

图 3-20 严余山“小岗村人创意礼品和土特产店”中销售的“小岗村”牌白酒

图 3-21 严余山“小岗村人创意礼品和土特产店”中销售的凤阳花鼓

另外，小岗村村民严德峰在2016年参加凤阳县农村淘宝启航班第一期培训班并获得了毕业证书后，创办了“农村淘宝”（图3-22）。小岗村还出现了一家专门为电子商务企业提供服务的“小岗快递服务中心”（图3-23）。

图3-22　严德峰创办的“农村淘宝”

图3-23　“小岗快递服务中心”

（二）农资店

小岗村的农资供应基本上是由小溪河镇的农资店和小岗村的农资店共同承担。

位于小岗村的农资店只有一家，即“凤凰岭农资（小岗村）直营店”（图 3-24）。店主吴广发就是小岗村的村民，他与习近平总书记访谈的“农家超市”店主吴先生是同胞兄弟。吴广发原先是小溪河镇农技服务站的专业服务人员，2005 年下岗后回小岗村创办了这家直营店。

图 3-24　小岗村村民吴广发先生开设的“凤凰岭农资（小岗村）直营店”

2012 年 7 月，笔者与吴广发先生进行了深入交流。吴广发告诉笔者，他的农资店最先是徽商农家福集团的加盟店。2005—2009 年，商务部和财政部共同推出了“万村千乡市场工程”，通过安排财政资金给予支持，以引导城市中的大型和大中型流通企业进入农村市场发展“农家店”，形成并完善农村商品流通网络体系，从而为农业生产和农民生活提供更好的服务，促进农村商品经济发展，打击并杜绝假冒伪劣产品在农村市场的非法销售。徽商农家福集团是“万村千乡市场工程”试点企业，吴广发先生与其他加盟店店主一起参加了由安徽省商务厅主办、滁州市商务局承办的农资加盟店店主培训班，接受了有关农资连锁店的经营管理、市场营销、销售服务、营销道德和法规等方面的专业性培训。

因此，该农资店的营销策略较为合理有效。首先，他贯彻的营销埋念就是服务于小岗村村民的农业生产。吴广发先生拥有高水平的农技服务专业技术，而且为人厚道，为乡亲服务热情周到，经常到田间地头为乡亲了解农作物病虫害状况，并提供最佳的解决办法。吴广发先生不仅为村民提供农业生产技术指导，还为他们提供有关沼气方面的专业技术支持。另外，由于其顾客几乎都是小岗村村民，因此吴广发的农资店允许赊欠，一些小岗村村民可以在有农产品收成后一次性归还欠款。该农资店因服务周到、价格合理而在村民中树立了较好的信誉，占领了小岗村农资市场中的较大份额，因此村民所使用的化肥、农药绝大部分来自他的农资店。笔者在对小岗村一部分农户进行访谈时，他们也都声称其使用的化肥、农药基本上来自吴广发的农资店。

需要说明的是，吴广发先生原先的农资店还有个很大的问题。虽然该店在名义上号称徽商农家福集团加盟连锁店，但其实质上是一个单体店，徽商农家福集团不向其提供任何的产品配送服务，而且该店的经营管理也与徽商农家福集团没有任何关系。因此，该农资店所销售的农资除了大宗的化肥是由凤阳县城的各大农资批发企业电话预约送货之外，其他农资产品是由吴广发先生亲自去凤阳县城采购的。

2017 年 5 月，笔者对吴广发先生及其农资店进行第三次访问时，发现他的农资店有了新的变化：吴广发先生的农资店已经加盟凤凰岭农资连锁集团，而且凤凰岭农资连锁集团是一个规范的连锁集团，他们会对其所属的连锁店制定统一的经营管理制度，会向其所属的所有农资连锁店提供及时、完善的产品配送服务。吴广发先生再也不用亲自去凤阳县城为自己的农资店选购产品了。

二、新型的专业合作社

目前，所谓的新型专业合作社，小岗村有两家，即安徽凤阳小岗黑当家专业合作社和凤阳县小岗村葡萄专业合作社。

（一）安徽凤阳小岗黑当家专业合作社

安徽凤阳小岗黑当家专业合作社（图 3-25）成立于 2008 年，发起人是凤阳县武店镇居民姚绍松。该合作社的前身是小岗村食用菌生产合作社。小岗村食用菌生产合作社是从事双孢菇生产和销售的专业合作社。2006 年，安徽科技学院三名大学毕业生来小岗村创业，他们建立温室大棚来种植双孢菇。为了支持这些大学生的创业活动，小岗村成立了这家食用菌合作社。后来，一部分村民也加入食用菌生产者队伍中，导致食用菌的生产规模迅速扩大，种植食用菌的小岗村村民也陆续加入该合作社。双孢菇种植失败后，由姚绍松接手，将食用菌合作社改造成为安徽凤阳小岗黑当家专业合作社。该合作社注册的企业标志是“中国·小岗村”，以“黑当家”品牌向市场推出黑豆、黑小麦、黑米、黑花生、黑芝麻及其加工产品等黑粮系列产品。

图 3-25　本课题组调研时拍摄的安徽凤阳小岗黑当家专业合作社

该专业合作社有规范的机制，通过注册获得了营业执照，吸收了一部分小岗村村民加入合作社，还建立了理事会（图 3-26）。其宗旨是带领农民走向富裕，打造中国黑粮第一品牌。其经营模式是由合作社向农民统一提供生产资料并进行技术指导，到收获季节再以合理的价格统一收购农民收获的黑五类农产品，统一进行生产加工，最后以统一的品牌和统一的销售渠道进行销售。该合作社还规定，农民以土地、资金等方式入股，加入合作社，年底进行分红。社员还可享有该合作社优先收购黑粮的权利。

后来，该合作社建立了自己的厂房和生产线，具备了对黑粮进行收购、加工、包装和销售的能力。该合作社还与中国农业科学院、安徽农业大学和安徽科技学院等科研院所和高校建立合作关系，并聘请多位知名的专家学者担任顾问，在黑豆、黑小麦、黑芝麻、黑米的基础上还研发了一系列新产品，如黑粉丝、黑玉米糁、黑豆茶干、黑豆浆、黑麦仁等黑粮产品。该合作社还通过建立自营分销渠道和利用社会上的超市等分销渠道来销售黑粮产品，从而大大提升了市场竞争力。

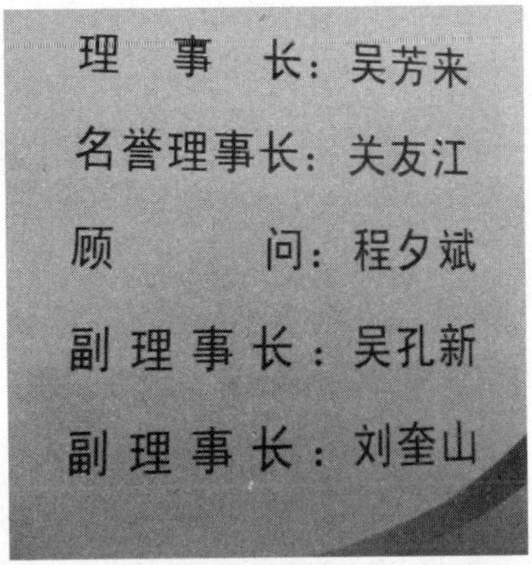

图 3-26 安徽凤阳小岗黑当家专业合作社理事会部分成员名单

然而，村民普遍认为，该合作社虽然名义上是合作社，而且以小岗村作为名号，但这个合作社跟自己没有任何关系，更没有给自己带来任何的好处，其实质上就是一家与小岗村没有任何关系的民营企业。该合作社自成立以来，小岗村村民既没有任何人入股，又没有所谓的分红，该合作社也几乎没有向村民提供过专项服务，而且该合作社是面向整个凤阳县并按照市场价格来收购黑五类农产品的，甚至对黑五类农产品在市场上的价跌滞销也没有起到多大的积极作用。小岗村的黑豆种植业因黑豆价跌滞销而逐步走向衰落的过程，在很大程度上证明了这一点。

（二）凤阳县小岗村葡萄专业合作社

2008 年 9 月，小岗村葡萄种植大户严德友发起成立了凤阳县小岗村葡萄专业合作社（图 3-27）。该合作社是由凤阳县小岗村农业发展有限公司管理，成立时由严德友等 14 位社员组成，这 14 位社员都是小岗村葡萄种植户。该合作社的法人代表是严德友，其经营业务主要是葡萄种植和销售，具体包括为葡萄种植户提供专业的种植技术、市场信息和营销服务等方面。该合作社成立后，不断有种植葡萄的农户陆续加入，最终规模达到 80 户农户会员，年产值约为 300 万元。该葡萄专业合作社的章程还规定，入社的葡萄种植户通过以每股 100 元的价格购买股份，且每个会员购买的股份总量不得超过 100 股。

然而，该合作社自成立以来，经营状况并不理想，甚至几乎不曾开展有计划的经营活动。小岗村的葡萄种植户们普遍认为，该合作社实际上只是一个空架子，其理事会和监事会也形同虚设，而且从成立

图 3-27　凤阳县小岗村葡萄专业合作社

之后既没有分过红，又没有像当初承诺的那样，为社员种植葡萄提供专业的技术支持、市场信息和营销服务以及注册自己的品牌等一系列的经营活动。它所起的作用仅仅是偶尔统一购买了几次农药和装葡萄的专用袋子等基本生产资料而已。

小岗村的葡萄种植户普遍认为，他们虽然加入了该合作社，但该合作社从未召集过社员进行集体活动，甚至葡萄种植户之间也很少为了种植葡萄而相互交流。他们基本上各自为战，自己购买生产资料，自己种植葡萄，自己再设法为收获的葡萄寻找销路。

2016 年 7 月，笔者在小岗村调查时还发现，小岗村葡萄种植户的葡萄种植收入有所提高且相对稳定，因此他们种植葡萄的积极性不断提高，致使小岗村的葡萄种植面积也不断扩大。一方面，小岗村的葡萄种植户普遍掌握了一种简便的葡萄酒酿造技术，他们学会了用自家的葡萄来酿造葡萄酒，之后在小岗村街道上或自家的超市中销售自己酿造的葡萄酒。这解决了葡萄销售时为防止葡萄腐败变质而需要尽快销售，从而使葡萄种植户随时面临降价促销的问题，同时也让葡萄种植户不必担心葡萄丰收可能会滞销而导致价格下跌。另一方面，一些原先种植葡萄的村民由于其葡萄植株老化而需要更新，他们都引种了优质葡萄品种，从而大幅度地提高了葡萄的品质，致使葡萄的价格也相应地有所提高，从而提高了他们的葡萄种植收入。

2016 年 7 月，笔者在小岗村调查时发现，小岗村葡萄种植户在友谊大道边的自家门前向游客销售他们种植的夏黑葡萄的零售价格一般是每斤 8 元，比当时周边一带葡萄的市场价格高 1～4 元。

三、农贸市场

2007 年，小岗村村委会经过考察和论证，通过招商引资的方式兴建“小岗村农贸市场”。该农贸市场位于小岗村小岗区和严岗新区之间，分为 A、B 两区，共有商业用房 48 套、摊位 400 个以及可防雨雪的钢结构大棚。市场内设有蔬菜、水产、家禽、肉类、豆制品、百货、五金、粮油交易等功能区，能够满足大约20 000人的农副产品需求，还可为上千人提供就业岗位。2009 年元旦，该农贸市场正式开放，村民在服装、水果、日用百货、蔬菜、禽肉等摊位，争相选购自己所需的物品。从此，小岗村有了第一个农贸市场。

但到了 2012 年 7 月，当本课题组来到小岗村进行第二次调研时，看到的景象却触目惊心：偌大的农贸市场空空如也，只有空荡荡的大棚和几家住户，既没有一个摆摊的商贩，又没有一个顾客，这已经成为村民堆放杂物的场所（图 3 - 28）。

图 3 - 28　2012 年 7 月的小岗村农贸市场

笔者在与村民交谈的过程中得知：该农贸市场只在 2009 年使用过大约一个月后就关闭了。其原因主要有两个方面：一方面，小岗村农贸市场存在管理混乱的问题。该农贸市场没有形成系统的规章制度，存在乱收费的情况，而且农贸市场摊位获得的方式也不够透明；另一方面，小岗村农贸市场存在需求不足的先天性缺陷，这也是该农贸市场最终关闭的根本原因。小岗村本身人口不多且基本上是本地居民，他们都是农户，而小岗村及其周围地区的居民也都是农户。这些农户有自己的承包地，种植蔬菜并饲养一定数量的家禽，传统的自给自足的小农经济还占有相当大的比重，因此他们的市场需求量很有限，这就决定了小岗村农贸市场的规模很小，小岗村农贸市场的经营户无利可图，这就从根本上决定了小岗村农贸市场是不可能有生存空间的。显然，小岗村农贸市场并没有经过科学系统地论证就盲目建设，从而造成不应有的损失。

2016 年 7 月和 2017 年 5 月，笔者在小岗村调研期间都不止一次地路过小岗村农贸市场，也没有发现这个农贸市场出现任何新的变化，依旧是空荡荡、冷清清的。

但是，结合小岗村的具体情况，如果小岗村能够科学规划，就能够为小岗村农贸市场的起死回生打下基础。小岗村在行政区划上包括小岗区、严岗新区和石马新区，其中小岗区就是原先的小岗村，严岗新区则是原先的严岗村，而石马新区就是原先的石马村。从人口构成来看，目前其人口总数约为4 000人，其中小岗区约为 500 人，严岗新区约为 1500 人，而石马新区接近2 000人。本来，小岗村可利用新农村建设的契机进行重新规划，把原先较为分散的三个行政村集中到一起，形成以小岗区为核心的一个人口规模较大的集镇。如果这样，小岗村就有可能需要农贸市场。但是，小岗村分别形成了小岗区、严岗新区和石马新区三个村镇。特别是石马新区（图 3 - 29），它与小岗区和严岗新区的距离都比较远，这显然阻碍了小岗村统一市场的形成，既不利于小岗村集中资源发展工商业，又不利于小岗村三个区的平衡发展。

当然，也许有人认为，小岗村的三个区分散布局符合小岗村的实际情况，因为小岗村还是以传统农业为基本经济形态，集中居住极可能导致某些村民的居住地与其责任田的距离过远，不利于他们的农耕活动，但如果考虑未来的发展变化，村民集中居住也是势在必行的。

图 3-29　小岗村石马新区

四、种植及养殖专业户

在小岗村，加入合作社和没有加入合作社的村民，特别是种植专业户和养殖专业户都必须建立自己的商品流通渠道，只有这样才有可能获得较为合理的收益。小岗村种植业和养殖业的成功经验和失败教训已经证明了这一点。正因如此，种植业和养殖业专业户也应该成为小岗村流通组织的重要组成部分。

在小岗村的专业户中，严德友是最成功的一位。与其说是他葡萄的品种优良，葡萄种植技术成熟而完善，且其葡萄园已初步达到规模经济的最低要求，倒不如说是他拥有一个堪称完美的商品流通渠道。他利用这个流通渠道，能够以较低的价格购买他所需要的高质量的化肥、农药等农资产品，还能利用这个流通渠道将其收获的葡萄以较高的价格顺利且尽快地销售出去。

其他的专业户则不然，比如严德柱、严德宽、严飞和马开然等，严格意义上说还不能称他们为专业户，因为他们的生产经营活动根本就不够“专”，甚至还非常“杂”。他们之所以不肯进一步扩大专业化种植或养殖的规模以提高自己生产经营的专业化程度，主要原因有两个方面：一是担心产品多了容易导致销售困难，这是最大的问题；二是担心生产经营资源不足的问题。他们都不打算利用信用社、银行贷款或通过民间借贷的方式来解决资金不足的问题，而且他们还要经营自家的承包地。由此，他们认为可以通过“多种经营”的方式来有效地分散市场风险，以解决农产品销售难的问题。当然，他们的“多种经营”方式只不过是一种典型的“小而全”“万事不求人”的小农经济而已。

小岗村的专业户可分为两类：一是较早从事专业化种植或养殖活动的农户；二是近年来形成专业化的种植或养殖活动，从事这类专业化生产活动的人基本上是外出打工回乡者，他们在外打工时掌握某种技能、发现某个致富门路或者是回乡后发现了某个商机而决定创业。他们在外打工期间受到发达地区市场经济的洗礼，他们的创业目标并不是简单地增加收入，而是要创造尽可能多的财富。他们不再像父辈那样想开展小规模的“多种经营”，他们的事业心极强，都想开展规模化的种植或养殖活动，渴望成为“大老板”，而且他们普遍属于年纪较轻的群体。

五、小岗村周边地区的商品流通组织

小岗村周边地区的商品流通组织包括以下三个部分：

其一，小岗村周边乡村的商品流通组织，包括小岗村周边乡村的超市、商店、集市等。由于它们很容易成为村民购物和销售产品的地方，因此也承担一部分商品流通的使命。

其二，小溪河镇的商品流通组织，包括小溪河镇的超市、商场、农资店等。小岗村在行政上隶属于小溪河镇。小溪河镇与小岗村的空间距离并不远，且小岗村村民经常去小溪河镇，因此小溪河镇实际上成为村民购买日常生活用品的主要场所之一，同时也是村民购买农资产品和销售农产品的重要场所。正因如此，在小溪河镇内，凡是销售日用消费品、农资产品以及收购农产品的各类企业，事实上都是小岗村商品流通活动的组织形式，主要包括商场、超市、农资店、农贸市场以及农产品收购和加工企业等类型。

其三，小岗村周围较大的中心城市和城镇，如蚌埠市、凤阳县城、明光市等。小溪河镇位于凤阳县东部，距离凤阳县城 28 千米，距离蚌埠市和明光市也不算太远，而且小溪河镇交通便捷，省道 307 线、宁洛高速公路和京沪铁路穿镇而过。因此，这些城市和城镇事实上也成为小岗村商品流通组织的重要组成部分。

小溪河镇目前没有规模较大且规范的农资商场，规模较小的农资店有40余家。从经营范围来看，绝大多数是经营化肥、农药和种子之类的综合性农资店，也有少数是专业性农资店，比如史丹利复合肥专卖店和淮北极速饲料公司直销处等；从经营形式来看，各农资店采取超市形式，大多数是单体店，也有一部分是连锁店，比如年年富农资连锁店，还有形式上是连锁店但实质上是单体店，比如徽商农家福农资连锁集团小溪河镇农资店（图3－30）；从经营者素质来看，由于经营者基本上是小溪河镇的居民，因此他们一般利用自家的门面房来从事经营活动。另外，在进货渠道和进货方式上，除了年年富农资连锁店采用配送的方式之外，史丹利复合肥专卖店和淮北极速饲料公司直销处都是通过电话联系厂家送货的方式，而其他农资店大多是采取与凤阳县城的多家农资批发企业电话联系送货的方式；在营销策略上，他们都积极主动地为农民提供技术指导，并允许他们赊欠货款，以此来更好地满足他们的需求，并采取薄利多销的方式，允许农民适度地讨价还价。

图3－30　徽商农家福农资连锁集团小溪河镇农资店

需要强调的是，在小溪河镇的这些农资店中，销售额较大的是小溪河镇农业技术服务咨询部农资店、小溪河镇农业技术服务站农资店、年年富农资连锁店等。这些农资店的经营是较为成功的。他们的共同之处在于，都善于利用专业知识给顾客提供较为完善的专业技术指导，为一次性购买量较大的顾客提供免费送货服务，同时也允许顾客赊欠货款。他们的年销售额基本上都在 50 万元以上，年利润都超过 5 万元。其中小溪河镇农业技术服务咨询部和小溪河镇农业技术服务站都是农业技术服务人员承包经营的农资店，其经营农资的历史较为悠久，有较强的信誉，因此受到农民欢迎。年富农资连锁店是一家较为规范的加盟连锁店，店主潘季文先生有 20 多年的蔬菜种植经验，因此他具有较强的服务意识，非常注重为农民提供销售服务，尤其是专业技术指导。2012 年 7 月，笔者在该店访谈时，同前来购买农资产品的几位农民顾客进行了简短的交谈，他们对潘季文先生都给予了较高的评价。2016 年 8 月，笔者曾对潘季文先生进行电话访问，他说他的农资店仍然继续开展农资经营活动，仍然以良好的售后服务和薄利多销的方式作为主要的促销手段，并对其农资店目前的经营状况感到非常满意。

第三节　小岗村商品流通简评

一、农村商品流通理论和实践的新发展

（一）日用工业品和农资产品的流通

在西方发达国家，日用工业品市场与农资产品市场是两个完全不同的市场体系。在日用工业品方面，其农村市场与城市市场融为一体，二者在流通渠道上也几乎完全一致，构成一个完美的统一市场。连锁百货店、连锁超市、专卖店和便利店等都是其农村集镇市场上流通组织的普遍形式。特别是近年来西方发达国家都市空心化，城市近郊和农村集镇的人口有增加的趋势，致使这些农村地区的商品流通组织日益发达。西方发达国家的农业虽然是以家庭农场为主体，并有一定的经济规模，而且农业专业合作社极其发达，以专业合作社为基础形成了不同地区之间的农业产业分工。这使农资经营企业能够便利地采用直接渠道，通过与合作社和农民直接联系来进行产品销售。

但我国农村市场截然不同。我国是一个由商品经济较为发达的城市与自然经济成分较高的农村组成的“二元社会”，这就决定了：在日用工业品方面，其城市市场的流通体系相对完善，而农村市场却依赖与小农经济相适应的一家一户的小超市或小卖部；在农资产品方面，也是以一家一户的小农经济经营方式为主体。

（二）农产品流通

1. 发达国家的农产品流通实践

美国是当今世界上农业最发达的国家，其农产品流通实践具有鲜明的特色，有以下几个方面的特点：

其一，农产品渠道短、环节少、效率高，这是其最突出的特点。其中以产地批发商与零售商交易的一级渠道的交易量占绝大多数，而且直接渠道的交易量也很可观。美国信息业高度发达，这就为美国社会交易提供了便捷的沟通手段。

其二，产地市场相对集中。美国农产品生产的区域化程度相对较高，形成了小麦、玉米、大豆、水果和蔬菜等专业化生产区域，因此美国的农产品产地市场较为集中。

其三，销地批发市场较为发达。由于美国是当今世界上交通运输最发达的国家之一，其发达的公路、铁路运输网非常有利于美国的农产品迅速由产地进入城市农产品集散市场，发达的城市农产品批发市场对美国农产品最终进入消费领域起到了关键性的作用，同时也对农产品价格的形成产生主导性的作用。

其四，服务机构较为齐全。美国为农产品销售过程服务的机构一应俱全，包括装卸运输公司、保管仓储企业、加工包装企业、分类配送企业以及金融机构、信息传递机构，等等。

其五，现货市场与期货市场并举。在美国，农产品期货交易非常活跃，这对于有效调节农产品生产和供应都具有极大的促进作用。

其六，大型和特大型商贸企业在农产品市场上具有主导地位，特别是大型和特大型零售企业往往成为美国整个农产品流通体系的核心。

2. 我国的农产品流通渠道

我国的农产品流通渠道大体有以下四种模式：

模式一：农民—消费者。这是一种直销模式。农民可根据市场行情来灵活处理其农产品，有效避免了中间环节的盘剥，有利于提高农民的收益。

这种模式可分为实体渠道形式和虚拟渠道形式。一是实体渠道形式，就是指农民将其生产的农产品以面对面的方式直接出售给农产品加工企业或消费者的流通渠道形式。由于该渠道形式主要是依赖农民自身力量来销售农产品，因此这一渠道形式的制约因素主要是地理位置和农产品生产规模，那些居住地在较大城镇附近的农民非常适宜采用这种渠道形式来销售其数量不多的农产品。其不足之处在于，该渠道形式难以适应大规模农业生产的需要，难以有效克服“一窝蜂”现象而可能造成某地区某种农产品供大于求，从而带来价格下跌而导致农民利益受损的问题。二是虚拟渠道形式，就是指农民将其农产品以网络为媒介进行的销售活动，也就是农民以个体或组织的方式来开设网店，以电子商务为技术手段，销售他们生产的农产品。这种渠道形式的优势主要是成本低廉、市场范围大且促销效果良好，其缺陷主要是需要专业技术，这对于目前知识水平相对低下的农民阶层而言是相当困难的。只有对农民进行科学的专业培训，或为农业合作社提供专门人才，才能有效跨越这一技术鸿沟。

模式二：农民＋专业市场销售。这种模式是经营规模较为分散的农民将其数量有限甚至较为零星的农产品提供给农产品专业批发市场，从而实现农产品规模化的集中销售的渠道形式。其流程有两个方面：一是农民—销售代理商—批发市场—农产品加工企业；二是农民—销售代理商—批发市场—集贸市场或超市—消费者。其优势在于，能实现农产品的集中销售和大量销售，便于及时把握和处理市场信息，也有利于农产品储存、运输和加工。需要解决的主要问题是：加强市场管理，完善市场信息传递和处理方式，健全市场配套服务设施，等等。

模式三：农民＋龙头企业。这种模式就是人们常说的“公司＋农户”模式，通过企业为农户提供产前、产中和产后的系统化服务，实现农产品生产、加工和销售的一体化，其核心就是企业与农民签订购销合同。其形式是：农民—公司—其他公司，或是农民—公司—超市—消费者。其优势主要有，能适应各种农产品的销售需要并充分调动龙头企业的积极性。其不足在于，对龙头企业要求过高，而且由于龙头企业实力较为强劲而难以保障个体农民的正当利益。特别是当农产品市场供过于求而竞争高度激烈时，龙头企业为了降低成本就会大幅度降低农产品收购价格而很少考虑农民的利益，很可能会导致农民血本无归。

模式四：农民＋新型合作社。所谓新型合作社，就是在家庭承包经营的基础上，通过生产经营同类农产品的个体农民自愿组织起来，在信息采集、生产、购销、技术、资金、加工、运输和储存等经营环节上开展互助合作，从而实现一定程度上的规模经营的经济组织形态。其具体形式有两类，即农民—专业合作社—农产品加工企业，或者农民—专业合作社—超市或龙头企业。其优点主要有，新型专业合作社有利于解决“小农户”和“大市场”之间的矛盾，能提高农民在市场交易中的地位，可以让农民通过合作组织再分配的机制来获得产后环节的收益，有利于农产品产业化经营。

二、小岗村商品流通的问题和对策

（一）对小岗村商品流通的评价和认识

笔者根据国际、国内商品流通理论和实践，结合小岗村的商品流通实际情况，不难得出以下结论：小岗村的商品流通体系虽然有所发展，但整体而言，其基本上是在小岗村传统的以小农经济为主体的经济形态中自发形成的，与其社会经济形态高度适应。

究其根源，有内在因素、外在因素及二者相互影响等三个方面的原因。影响小岗村经济社会发展的内在因素主要有观念原因、知识和技术等操作层面的原因。

一是观念原因。小农经济是我国几千年封建社会以及半殖民地半封建社会中占统治地位的、在婚姻和血缘关系的基础上形成的社会经济形态。小农经济的根本特征就是自给自足，即其生产和生活基本上不通过交易而是依赖自身的劳动来进行。与小农经济相适应的社会意识形态是小农意识。小农意识的突出特征就是狭隘、短视、保守，与以积极、开放、崇尚科学、勇于竞争、追求长远利益等方面为特征的商品经济意识或市场经济意识是截然不同的。

我国市场经济的发展对农村传统的小农经济带来极大的冲击，使得我国农村地区的商品经济有了很大的发展，目前正处于向市场经济过渡的时期。这一时期经济形态的特征介于市场经济和小农经济之间，主要表现为：人们已能够接受一部分或一定程度上的市场经济观念，但小农经济的狭隘、保守和害怕风险等陈腐观念仍然对人们的心理和行为产生着深刻的影响。

二是知识和技术等操作层面的原因。小岗村人不善于总结并汲取自己和他人的经验教训，进而探索出一条适合自己发展的道路，实现小岗村人的致富梦想。

（二）小岗村商品流通的发展对策

根据市场经济的发展要求，小岗村要实现经济快速发展，最有效的途径就是在制定科学的经济发展战略的基础上，率先做好商品流通工作。

其一，要树立现代市场经济意识。当然，要提高全体小岗村村民的市场经济意识，这绝非一朝一夕之功。但最有效的办法有三个方面：一是号召在外打工者和在外求学者特别是大学生回乡创业。他们的市场经济理念、知识和技能会高于小岗村的一般村民，支持他们创业，发挥他们的模范带头作用，对于小岗村经济发展和社会进步也是非常有益的。二是对专业户和有志于开拓事业者进行专门培训，以培养他们树立初步的市场经济意识和掌握特定的知识技能。三是从中选拔优秀者作为小岗村干部，以更好地发挥他们的领导和示范作用。如已被提拔为村干部的严余山、杨伟等都有长期外出务工的经历。

其二，提高专业化经营水平。小岗村必须尽快摆脱传统的农业模式，通过“一村一品”运动，初步形成若干个专业化、规模化和集约化经营的农产品产业基地。其产业战略选择的原则在于，合乎小岗村的特点，且具有一定的市场前景。另外，各专业户必须尽可能地扩大规模，使之尽快地成为真正的专业户。这可以增加同类农产品的数量，并提高质量，这是现代农产品流通重要的物质基础。

其三，组建或整顿专业性的农民合作社。农民合作社是我国实现“小农户”与“大市场”有效对接的必不可少的重要工具，因此要对农民合作社有足够的重视。为此，首先要支持生产同类农产品的农民自由组建或参加专业合作社。其次，无论是新成立的合作社还是已有的合作社，都必须加以整顿。整顿的目的在于：发挥其以专业技术服务、市场信息、销售产品、创建品牌为中心的功能，最终发展成为具有科学研究、市场营销、品牌培育、产品开发等多方面功能的现代生产经营机构。比如，我国台湾地区的专业合作社中有一家著名的草莓合作社，针对草莓易腐败、难储存且运输不便等多方面的问题，该合作社通过多种方式筹集资金建立一个专门用于储存草莓的冷库，不仅避免了草莓成熟季节因大量草莓集中上市而导致价格下跌等一系列问题，还可对储存的草莓进行深加工，开发出如草莓汁、草莓蛋糕、草莓酒、草莓奶等系列食品，以自己独特的品牌形象出现在市场上，极受消费者欢迎；而且是致力于草莓品种、草莓种植技术以及草莓种植过程中使用的化肥、农药和农机具的研究与推广，发展观光农业，从而为草莓合作社和草莓种植户带来财富。另外，为了保证合作社的高质量，不仅应对合作社全体社员进行必要的教育，还应该充分利用社会资源。比如，鼓励安徽科技学院以及蚌埠市某些高校相关专业的教师和大学生在假期来小岗村农民合作社实习或兼职，以便提供专业性的指导。

第四章　小岗村融资研究

三农融资难成为制约我国经济发展的瓶颈，实现农村金融需求与农村金融供给的均衡是破解和消除农户、农村中小企业等市场经济主体融资难的唯一途径。农村金融需求是农村金融制度得以确立的基础，是农村金融供给得以发展的前提。当前，农村金融需求与农村金融供给严重不匹配，出现了明显的脱节现象，制约了农村经济发展。本章通过分析小岗村金融需求的结构和特点，从金融需求和金融供给的角度探讨解决农业融资难问题的对策。

第一节　小岗村的金融需求分析

小岗村金融改革和发展必须以小岗村经济发展为基础，以小岗村金融需求为中心，唯有如此改革才会有明确的方向。因此，本节主要通过设计调查问卷，了解小岗村的金融需求状况，以分析小岗村金融需求的特征，从而更好地掌握小岗村金融的发展状况，为解决融资难问题提供对策。

一般来说，由于农村生产和经济组织方式不同，农村金融需求有不同于城市和工商金融需求的特点。农村金融需求按照需求的内容可分为资金借贷需求、储蓄需求、保险需求和其他金融需求。通过对小岗村的调研，笔者发现保险需求是小岗村最主要的金融需求，其他的金融需求则相对较弱（表 4－1）。

表 4-1　小岗村金融需求分类

农户	类型			
	存款需求	贷款需求	保险需求	其他需求
贫穷农户	弱	较强	较强	弱
一般农户	较强	弱	强	弱
富裕农户	强	较强	强	弱

一、小岗村农户的金融需求

（一）农户的信贷需求

小岗村农户资金需求主要由生产性需求和生活性需求组成。改革开放以前，农村经济的主体农户参加集体生产、分配、交换甚至消费，都是在生产队的指令下进行，农户没有必要参与信贷活动。1979 年，农村开始实行家庭联产承包责任制，农户成为独立的财产所有者和生产经营者，这极大地激发了农户的生产投入热情，对资金的需求大大增强。随着社会发展，农户的生活也打破了家庭自给性供给的边界，农户经常面临短期性货币支出压力和周期性家庭赤字，农户生活货币化。农户的经济行为不再局限于农村之中，而是逐渐脱离了自给自足的生产与生活模式。

现代农户家庭的生产、消费、沟通、吃穿住行等需求都全面市场化，生产与生活中的每个步骤、每个环节都需要用现金购买商品与服务。而随着市场化对农村影响程度的加深，农民生产与生活的市场化程度也进一步加深。农户巨额的货币支出（主要为生活性支出）造成持续性的货币压力。从图4-1和表 4-2 可以看出，小岗村的农户资金需求是多样化的，主要有住房需求、子女教育、经营支出、日常支出等，其中住房的资金需求是最主要的。这是因为小岗村进行新农村建设以及沈浩在任职期间要求每户统一进行住房翻修和改造，而生产的资金需求则很少。这主要是因为小岗村农户的人均耕地面积较少，平均约为1 500平方米；并且，当前不少农业生产仍是粗放式的数量型增长方式，农产品加工深度不够，链条偏细偏短，大部分仍然停留在简单的农业再生产阶段，即“劳动力＋土地”模式；还都以传统的粮食种植为主，资金投入较少。因此，农民依靠自身土地收成或者打工收入即可满足资金需求。

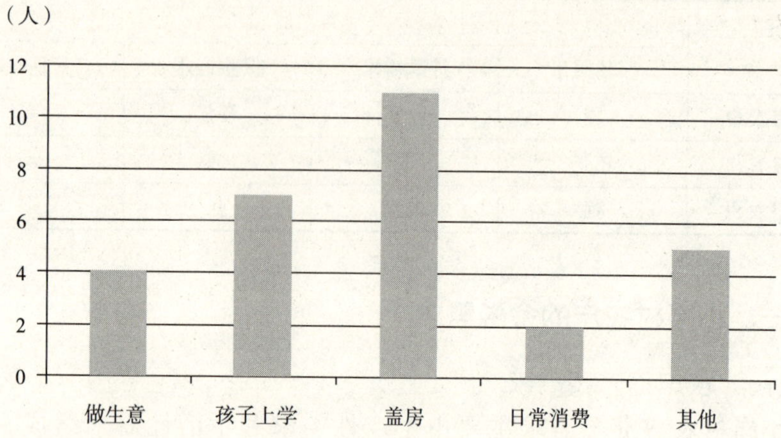

图 4-1　农户的借款用途

表 4-2　小岗村农户资金需求状况

信贷对象		主要信贷用途	主要收入来源	信贷方式	信贷需求
农户	原小岗村	基本生活开支、盖房、孩子教育	打工、种地、做小生意	信用社、亲戚朋友借款、民间组织	较弱
	石马村	基本生活开支、盖房、孩子教育	种地、打工、少数做生意	信用社、亲戚朋友、高利贷	一般
	严岗村	盖房、孩子教育	种地、打工	信用社、亲戚朋友	较强
	大严村	盖房	种地、打工	信用社、亲戚朋友、私人贷款	较强
企业		扩大经营规模	企业经营	信用社贷款、亲戚朋友融资	一般

1. 消费需求

肖新军（2008）从农民信贷需求的动机入手进行研究，将农户融资需求划分为以下三个层次：第一，生存维持型信贷需求，包括住房和农业生产投入的需求；第二，发展方面的信贷需求，包括儿童教育、生产状况和管理等；第三，特殊的信贷需求，主要是指大病医疗、婚丧嫁娶等。若根据农户每年的消费需求进行安排，农户的消费可分为基础性消费、保障性消费、婚丧嫁娶消费以及发展消费（子女上学）。对于农户来说，前两类消费是刚性消费，无论家庭经济收入多少都是家庭消费的重要组成部分。基础性消费即农户的衣食住行消费，虽然农户家庭的温饱已经不成问题，但是住房成了最大的支出部分。以石马村为例，由于新农村建设，每户居民拆迁住进新房需交 11 万元，除去拆迁补偿款（按照现有住房的新旧程度进行补偿，其中新建不久的楼房每平方米补偿 500 元，平房每平方米补偿 380 元，茅房每平方米补偿 80 元，平均每户补偿 7 万～8 万元），每户另外需要支付 3 万～4 万元，加上装修的费用，每户因住房产生的资金需求约为 10 万元[①]。从小岗村农户的借款用途调查中也可以看到，借款用于盖房的农户占调查农户的比重为 34.48%（表 4－3）。

表 4－3　小岗村农户的借款用途

借款用途	盖房	日常消费	教育	经营	其他
占比（%）	34.48	13.79	27.59	10.34	13.80

在实行新型农村合作医疗制度之前，多数农民在疾病袭来时，都采取小病挨、大病扛的办法。收入低的人，健康状况较差，更容易受到疾病的侵扰，因病致贫、因病返贫的现象十分普遍。在没有保障的条件下，农户家庭必须以全部的积蓄应急治病，或者求助于民间金融。如果治疗费用仍有缺口，有的农户家庭只能放弃治疗。所以，医疗支出是刚性消费的一部分，并且这部分支出在家庭总支出中所占的比例有非常大的随意性，对农民来说是没有办法逃避的。婚丧嫁娶消费和发展消费是弹性消费，这两类消费与刚性消费相比有很大的弹性空间。中国农村保留的传统习俗比较多，比较注重“孝道”“人伦”等传统道德礼仪。因此，农民在婚丧嫁娶消费中会竭尽全力，即使是贫困家庭，在面子文化的刺激下，也不能完全拒绝此类支出，大部分家庭甚至通过举债的方式来满足这方面的消费需求。

发展消费是投资未来的消费模式，主要是子女的教育投入，这类消费的投资时间相对比较长，且其回报率具有不确定性，资金借贷的农民，用于子女教育的占调查农户的比例为 27.59%。

① 数据来自 2013 年入户调研。

从以上对农户家庭消费的分析可以看出，基础性消费、保障性消费、婚丧嫁娶消费都不能带来预期的收益，但是农户都难以回避这些消费，特别是前两类刚性消费。值得注意的是，如果农户家庭没有足够的收入支持这些消费，他们会通过各种途径借债，即可以融资的金融制度供给的选择。但是，除了发展消费，前三类消费都没有预期的收益，只是为了满足自身的消费需求。然而正规金融的经营是要进行严格的风险控制，其贷款要有确定的预期收益作为保障。另外农户在融资的过程中，由于自身资产的局限性，可提供的有效抵押品种类少、范围窄，很难找到合适的担保人。金融机构往往对农户贷款设置严格的贷款条件和复杂的贷款手续，农户贷款普遍存在“慎贷”“恐贷”现象。由此可以看出，农户家庭的融资需求与农村正规的金融制度供给是不相容的，即存在供需结构型失衡的问题，因此必须开拓其他的融资路径，以满足农户消费需求。

2. 投资需求

农户投资主要是指农户自主决策用于正常经营获取物质利益的资金和生产资料投入的经济行为。每个家庭都是一个独立的投资主体，其生产经营完全由自己决定，这极大地激发了农户的生产和投入热情。由于目前农村第二产业、第三产业发展尚不成熟，农户一般会投资传统的农业生产领域，包括种植业以及养殖业，即简单再生产；少数农户也会从事第二产业、第三产业的生产，即扩大再生产。

小岗村农户主要是进行简单再生产。农业生产领域的投资主要有：种子、农具、农药、化肥、地膜、饲料、钢架大棚等。这些投资的特点一般包括两个方面：一是周期较短，农业生产的周期一般以季节为主，其投资也有很强的季节性，一般以一个季节为主，最长为两年；二是成本较低，农户对传统农业的经营一般依靠经验判断，除非遇到不可抗拒的自然灾害，否则农户在这类投资上驾轻就熟，特别是在粮食生产上，已经实现了投资边际效益最大化的目标，再增加投资，其收益往往也不能按比例增加，因此农户在传统农业上的投资往往比较少。虽然对传统农业的投入是低效益的，但这种简单再投资的方式依然是小岗村家庭收入的主要来源（图 4 - 2）。

此外，农户的投资还需要考虑融资困境的问题。农民如果想突破传统产业进行投资，首先面临的就是融资难问题。在正规金融难以满足农户需求的条件下，农户只能选择高利贷。但是高利贷所带来的风

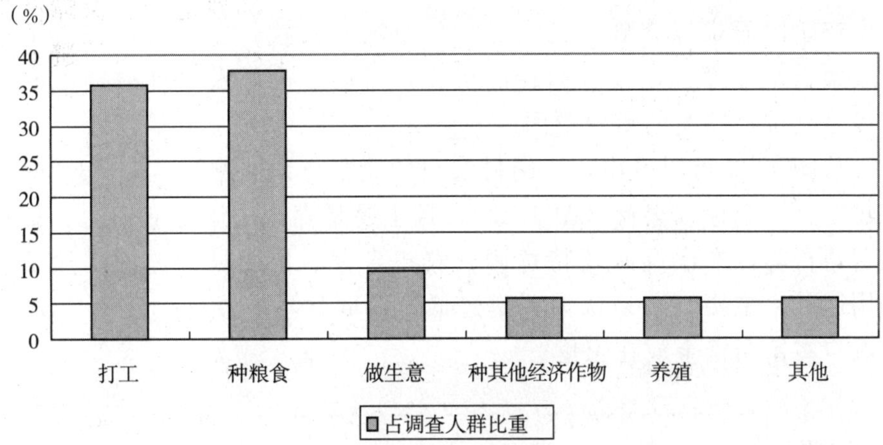

图 4-2　小岗村农户家庭收入的主要来源调查

险又是农户家庭所不愿意承受的，因此，多数农户都会选择放弃进行风险投资，仅仅重复简单再生产这一过程。因此，通过分析可以看出，小岗村农户的生产长期徘徊在简单再生产阶段，很难有所突破，其中非常重要的一个问题就是融资难。如果这个问题一直得不到解决，那么农民很难实现增收，农业也很难发展，一些促进农村发展的措施也无法取得理想的效果。

（二）农户的储蓄需求

凯恩斯曾对储蓄动机做过描述，认为人类的储蓄动机可以分为八类："谨慎、远虑、计算、改善、独立、企业、自豪以及贪婪。"对我国民众来说，低收入者相对于高收入者有更强烈的储蓄动机，虽然低收入者在储蓄总量上远远不及高收入者，但是低收入者会持续选择储蓄，把钱存入银行，他们的储蓄行为比较稳定。另外，利率的变化对二者影响的程度也不同。如果利率上调，高收入者可能会把储蓄转变为其他更有利的投资方式，如期货、证券等，以获取更高的收益；对于低收入者来说，利率对他们的影响并不大，其原因就在于他们与高收入者有不同的储蓄动机，低收入者的储蓄并不谋求财富的增值，而是为了保障其生活所需。对于我国农村地区来说，一个家庭要兼有生存、保障以及发展的功能，同时因受其货币持有量以及保障目标的限制，其储蓄意识相对于社会的其他群体来说更强。传统的避险意识已经使农户的储蓄超出了理性的范畴，明显区别于西方投资人的属性。

其次，我国农户偏向于储蓄还与投资的限制有关，其长期徘徊在简单再生产阶段而难以突破，且农村金融市场不发达，也使农户丧失了投资股票、基金等其他投资途径的机会。最后，普通农户理财知识的缺乏也是其选择储蓄的重要原因。

从图 4-3 可以看出，小岗村农户的储蓄意识非常强，有48%的农户将富余资金存入银行（图 4-3）；且主要是存入中国农业银行、邮政储蓄银行等。本次调研还特意调查农户未存入信用社的原因，除了其他用途外，主要原因是认为利率过低、存取款不方便等。还有 11.6%的农户将富余资金放在家里。

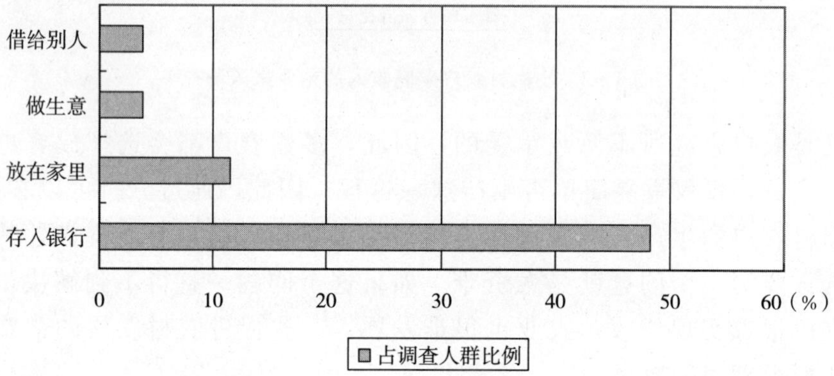

图 4-3　小岗村农户富余资金去向

在农村从事扩大再生产的大户，为缓解资金压力，也会高息揽存，吸收民间的剩余资本，这种利息对于普通农户来说比正规的金融机构更具吸引力，因此他们明明知道高息的风险，也无法抗拒高息的诱惑。调查中发现，小岗村有3.8%的农户将富余资金借给别人。每年农村发生的由大户揽存引发的风险案例不在少数，但是农村金融体制不健全，必然会使大户向民间资本伸手，而农户家庭在其他投资渠道受限的条件下，也倾向于选择以储代投的方式把资金借给大户。总之，给定一个固定的收入，农户家庭必须有意识地预留部分资源，以抵御不可预测的风险。这些资源还必须能够便利地转变为消费或者投资，因此储蓄是其非常重要的保障。

（三）农户的保险需求

农户有强烈的保险需求。这主要是因为小岗村通过土地流转，由村集体集中整理用于引进企业的投资用地，因此，产生大量的失地农民，未来的收入难以保证，农民在卖地的同时要求强制性地购买失地保险。而且，农民的医疗和养老保险的需求极为迫切，很多农民卖地后一次性获得补偿10万～20万元，除了建房或购房等必要的大额支出外，需要通过保险的方式，来解决未来的医疗和养老问题。

另外，由于农业本身风险比较大，且一旦风险发生，对农户的打击是致命的，因此，能够分散农业风险的保险显得至关重要。农业保险是稳定农户收入、提高农户福利的重要手段。农户家庭不仅要面临自然灾害风险，还要面临市场价格波动的风险，无论是哪一种风险，都不是一个农户家庭可以抗衡的。对于进行简单再生产的农户，当风险爆发导致农业歉收时，其收入来源可能被切断；对于从事扩大再生产的农户，如果风险爆发导致其投资失败，那么农户很难再有资金扩大再生产，可能会重回简单再生产阶段。农业保险不但能保障农民收入的稳定，而且还发挥着保证农业再生产顺利进行和稳定国民经济的作用。因此，从目前农村的状况来看，构建完善的农业保险体系迫在眉睫。但从小岗村的调研情况来看，农户对保险的认同度较高，但农业保险的投保率很低。

（四）农户的理财需求

在城市中，越来越多的人选择投资理财，而投资理财在农村还十分陌生。通过此次对小岗村的调研，笔者有以下两个方面的发现。

一是村民近几年的收入增速较快（表4－4）。

表4－4　村民年收入情况

年收入（元）	10 000以下	10 000～30 000	30 001～50 000	50 000以上
人数（人）	3	7	12	8
所占百分比（%）	10	23.3	40	26.7

从表4－4可以看出，近些年村民的收入不断提高，66.7%的村民收入达到30 000元以上。因此，村民是有能力将手中剩余的资金进行投资理财的。

二是村民处置余钱的主要方式是将其存在银行中，因此笔者询问了村民没有购买股票、债券的原因，得到了以下数据（表4－5）。

对于理财，村民们最担心的就是风险，有43.3%的村民认为投资风险大，怕自己辛辛苦苦赚来的钱打水漂。

表 4-5　小岗村村民没有购买股票、债券的原因

原因	不了解	风险大	附近没有营业点	资金不足
人数（人）	9	13	3	5
所占百分比（%）	30	43.3	10	16.7

二、企业的资金需求

按照投资规模和投资来源划分，笔者将小岗村的企业划分为以下两种类型。

一是政府积极引进的企业，这类企业的投资规模相对于一般的乡镇企业而言要大，比如曾经的 GLG 集团（2013 年 11 月更名为小岗村洪张健康产业园），投资金额达 15 亿元；广州从玉菜业集团，投资金额达 5 亿元；宝迪 10 万头原种猪现代养殖示范基地，投资金额达 5.5 亿元等。这些大企业所从事的产业各不相同、产品种类繁多，因此，其金融需求表现较为复杂、多样，主要有贷款需求、储蓄需求、保险需求、结算需求、汇兑需求等。其中，最主要的金融需求是贷款需求，其投资经营活动涉及厂房修建、设备购进、技术更新、原材料购买、工资支付、税收支付等方面的支出，由于依托小岗村独有的政治环境和政府支持，资金来源的渠道多样化。一方面，投资方拥有雄厚的资金实力；另一方面，在地方政府的大力支持下，银行积极提供大额贷款以及税收优惠等政策支持。

同时，这类企业的结算需求也越来越大。作为独立的市场主体，其经营活动主要面向外部企业，各种交易活动涉及支付问题，往往是以转账、结算的方式进行，纯粹以单一的现金方式进行的交易越来越少。小岗村没有银行，只有旁边的小溪河镇上有两家银行，难以为企业提供相应的结算服务。

二是当地村民自主经营的在工商局注册的企业，这类企业所需资金较少，除了依托自有资金之外，往往通过贷款方式来获得资金，以解决资金流动性问题，贷款需求的满足直接促进了企业持续发展。并且，其金融需求由于投资少、利润低等原因，贷款通常以流动资金为主，融资需求具有单笔融资金额少、笔数多、融资频率高、期限短的特点。但这类企业主要是以当地特有的优势资源为基础发展起来的，面向市场经营，随着生产规模扩大，市场供给和需求变化的不确定性

较大，经营风险也在增加；并且，这类企业的担保和抵押制度不完善、企业信息不透明、企业主的素质总体不高等多个方面的因素，导致其从正式的金融机构获得足够的资金较为困难。因此，这类企业的资金主要源于自身的积累和民间借贷。

三、政府的资金需求

一般认为，农村基层政府组织的金融需求不同于农户和中小企业的金融需求，前者具有很强的公共性质，而后者具有很强的私人性质。农村基层政府组织的金融需求主要有贷款需求、储蓄需求、结算需求等。这与农村基层政府组织所承担的职能密切相关。政府为农村提供生产和生活设施。在农村基础设施建设中，要多方面筹集资金，加大政府的引导性投入力度。

小岗村在特殊的政策支持下，吸引大量的投资，集体收入不断增加。其中，小岗村通过街道上的广告可获取广告合作经营收入100多万元。小岗村凭借独特的政治优势和财政的大力支持，积累了大量的资金，为了更好地使用资金，村集体出资3 150万元注册了小岗创新发展有限公司，是村企一体的经济组织，是村集体所有的新型投融资建设平台和经营实体，遵循“集体所有、统一经营、民主管理、收益共享”的宗旨，经营范围包括管理小岗村村委会授权的集体资产，承担村集体企业资产以及集体土地的转让费用，承担小岗村基础设施、工业园区、交通、能源、旅游和新农村建设项目等。

第二节　小岗村的金融供给分析

一、小岗村金融机构总体概况

目前我国农村的金融体系由政策性金融机构、商业性金融机构、合作性金融机构和民间金融机构组成，可分为银行类金融机构和非银行类金融机构。冯兴元等（2004）将中国农村地区的金融机构和金融活动根据其正规程度划分为三类：正规金融、准正规金融和非正规金融（表4-6），每一类组织具有类似的特点和功能。目前我国农村银行类金融机构主要有四个种类、六种机构，分别是商业银行中的中国农业银行，政策性银行中的中国农业发展银行，农村合作金融机构中的农村信用社、农村商业银行、农村合作银行以及中国邮政储蓄银行。这几类机构在小岗村均无网点，小溪河镇仅有农村信用社、徽商银行、中国农业银行和中国邮政储蓄银行四个营业网点。

表 4-6 中国农村金融组织或活动类型（部分）和监管方式

	正规金融	准正规金融	非正规金融
组织或活动类型	四大国有商业银行、部分股份制商业银行、农业发展银行、农村信用合作社、农村商业银行、中国邮政储蓄银行	小部分当铺、小额信贷等	亲友借款（包括计息或者不计息）、高利贷、各种合会、私人钱庄等
监管方式	中国人民银行监管	一般由政府部门批设，有所监管（如利率限制）	无监管，除亲友间无息借款之外，基本上视为非法

资料来源：冯兴元，何梦笔，何广文．试论中国农村金融的多元化——一种局部知识范式视角［J］．中国农村观察，2004（5）．

小岗村的非银行类金融机构有太平洋财产保险，在 2012 年开始设点，主要办理部分车险业务，其他业务未开展。2016 年更改为中国人民保险，但村民购买保险的意愿不强，开展的业务较少。

二、小岗村金融供给现状

近年来，由于考虑农村金融市场的风险，各种商业性金融机构逐步从农村市场退出，农村新型金融机构在小岗村也未建立，而小岗村所在的小溪河镇仅有农村信用社和中国邮政储蓄银行两家银行，基于便利性考虑，小岗村的信贷工作主要由这两家银行来承担。小岗村主要有凤阳农村商业银行、中国邮政储蓄银行、中国农业银行和徽商银行等设立的自助服务网点。

（一）凤阳农村商业银行

在深化农村信用社产权制度改革的基础上，凤阳农村商业银行于 2013 年 10 月组建，在原信用联社的基础上设立了 1 个营业部、33 个支行、10 个分理处，主要开展向农户吸收存款和发放贷款的业务。农村信用社建立之初是合作金融性质，承担着促进农业发展的职责，在各种金融机构中与农户的关系最贴近，特别是中国农业银行逐步从农村撤出后，农村信用社网点基本上覆盖了农村地区，占据了我国农村金融市场的主体地位，成为支持农业和农村经济发展的主力军以及联系农民的纽带。

为贯彻落实《中共中央　国务院关于全面深化农村改革加快推进农业现代化的若干意见》《国务院办公厅关于金融服务“三农”发展的若干意见》等文件精神，安徽省提出大力发展农村普惠金融，强化金融机构服务“三农”职责，要求优化县域金融机构网点布局，增强网点服务功能，推动农村基础金融服务全覆盖；在具备条件的行政村，开展金融服务“村村通”工程，采取定时定点服务、自助服务终端以及深化助农取款、汇款、转账服务和手机支付等多种形式，提供简易便民的金融服务。

凤阳农村商业银行于 2012 年 7 月首次在小岗村培训中心设立自助银行和银行卡助农取款服务点，不仅填补了小岗村多年的金融服务空白，还拉开了金融机构抢滩“中国农村改革第一村”的序幕。2016 年 3 月在小岗游客中心开设自助银行，也是该银行继小岗培训中心之后在小岗村开设的第二家自助银行，此举对农村金融服务起到了积极的促进作用。

农村商业银行主要对农村和农户发放小额贷款，信用社的贷款规模逐年扩大，2011 年的增长幅度最大，较上年增长了 45%。虽然贷款总量不断增加，但信用社的存贷比仍然很低，平均存贷比为 39%，远低于中央银行对商业银行存贷比不得大于 75%的监管指标规定，表明小溪河信用社的存款并未最大限度地转化为贷款，造成资金从农村流向城市，从而使得农村资金短缺更加严重。并且，笔者也从调研中了解到，对农户的贷款金额一般在 5 万元以内，其中 3 万元以内不需要提供担保，超过 3 万元的贷款要求提供担保，且担保人由公职人员担任，贷款手续要求完备。因此，很多村民表示小额贷款难以解决实际的资金需要，且难以满足贷款要求，故不选择信用社贷款。

（二）中国邮政储蓄银行

2014 年 11 月 18 日上午，中国邮政储蓄银行凤阳县支行在小岗村设立了滁州市首家村级 24 小时自助银行，实现了金融服务在广度和深度上的延伸（图 4－4）。自助银行的设立，将有效改善小岗村的金融支付服务环境，农民朋友在家门口就可以享受高效、便捷的金融服务。

图 4-4　中国邮政储蓄银行 24 小时自助银行

中国邮政储蓄银行通过一系列支农、惠农举措，加快农村金融产品和服务方式创新，更好地打通为基层群众服务的“最后一千米”。

邮政储蓄自 1986 年恢复办理业务以来，目前已发展成为我国一支重要的金融力量。2006 年 6 月，经国务院同意，银监会正式批准筹建中国邮政储蓄银行。这标志着备受各界关注的邮政储蓄银行组建工作开始进入具体实施阶段。邮政储蓄银行的业务范围，从为城乡居民提供基础金融服务和从事低风险的资产业务起步，通过不断提高银行内部管理和风险控制能力，逐步开展新的业务；充分依托和发挥网络优势，完善城乡金融服务功能，以零售业务和中间业务为主，为城市社区和广大农村地区居民提供基础金融服务，与其他商业银行形成互补关系，支持社会主义新农村建设和城乡经济协调发展。农村邮政储蓄迅猛发展，直接分流了农村的储蓄资源，其在农村点多面广，触角可以伸向农村各个角落，是其他任何农村金融机构都不具备的低成本竞争优势。邮政储蓄目前已成为农村金融服务体系的重要组成部分，特别在一些边远地区，邮政储蓄是当地居民唯一可获得的金融服务。

（三）中国农业银行

2015 年 1 月 20 日，中国农业银行 24 小时自助银行进入小岗村。该自助银行的设立，增强了农村金融服务能力，提高了中国农业银行的市场竞争力，有效落实了其服务“三农”的承诺，方便了村民。

中国农业银行 24 小时自助银行，如图 4-5 所示。

图 4－5　中国农业银行 24 小时自助银行

（四）徽商银行

2015 年 12 月，徽商银行凤阳支行在小岗村设立“小岗村惠农金融服务室”，为银行与小岗村农户之间架起了金融服务的桥梁。金融服务室的设立，将进一步满足小岗村金融服务多样化的需求，使村民足不出村就能办理存取款、转账、理财、缴费、贷款咨询、信用卡申请等多种金融业务，将有效解决农村银行网点少、金融服务缺位、农民金融知识匮乏等现实问题，为广大农村地区提供更加高效便捷的金融服务，更好地方便当地群众的生活，促进农村经济发展。

徽商银行凤阳支行在小岗村设立惠农金融服务室，如图 4－6 所示。

图 4－6　惠农金融服务室

（五）保险公司

小岗村的保险机构极其缺乏，仅太平洋财产保险刚建立一个办事处，业务很少，只办理车辆保险，其他险种都未开展。大量农户必须购买失地保险，小岗村仅设立一个缴费的代办处。这也与农业保险的整体发展状况有关。1982 年中国人民保险公司开始承办农业保险，主要经营种植业、养殖业保险。但是近些年保险公司也飞速发展，都已完全按照市场化模式运作，政府对农业保险补贴的不足，使得农业保险市场开始萎缩。现在除了一些地方政府采取措施支持农业保险外，农业保险在供求关系上已严重失衡，使得广大农户要面临自然与市场的双重风险，收益得不到保障。

2016 年，笔者调研时发现小岗村设立了一家中国人民保险，如图 4－7所示。但是农户基本上不愿意购买商业保险，该保险公司开展的业务也很少。

图 4－7　中国人民保险

（六）非正规金融供给

非正规金融供给在农村已经存在了几千年的时间，是建立在广泛的社会关系之上的，其存在具有一定的客观原因和合理性。目前，非正规金融供给存在的形式主要有：民间借贷、地下钱庄、抬会、合会等机构。笔者在调研中发现，有一半以上的农户通过非正规金融获得资金，其中主要是通过亲戚朋友之间的无息借贷，占比达到 51.72％（表4－7），其他的借贷形式则较少。

表 4-7　小岗村农户的借款渠道

农户的借款渠道	信用社或银行	亲戚朋友	高利贷	其他形式借贷
百分比（%）	37.93	51.72	3.45	6.90

1. 无息供给

无息供给主要存在于亲朋好友之间，在小岗村，不论是依靠种地的农户，还是开展经营的小企业主，一旦发生资金需求时，会首先选择向亲朋好友借钱。这主要是因为，发生在亲戚、朋友、乡亲和邻里等非常熟悉的人们之间的自由借贷关系，是建立在血缘、亲缘、业缘和地缘关系之上的社会关系，他们在长期的共同生活中建立起了相互信任的关系。因此，一般农户在遇到资金困境时会首先考虑这种无息贷款。借贷多是用于刚性消费，比如生病、婚嫁、盖房子等大事情都需要借款。贷款期限比较灵活，都是依据借款人什么时候有收入则什么时候还，一般不需要正式合同来保障，但这种贷款基于浓厚的人情关系，即使无息贷款没有契约约束，其违约率也非常低。

但是近年来，随着农户的生产和生活市场化，且农民大量进入城镇务工，因此乡情将会出现一定程度的淡薄，在这种向市场转化的过程中，无息贷款的供给也将被一定程度地压缩。

2. 有息供给

有息供给可分为高息贷款与低息贷款，高息贷款即通常所说的高利贷，低息贷款利率则一般低于农村信用社。农民生活所需资金不足，资金需求旺盛，因此，一些地方的高利贷企业进入农村金融市场很难避免，其实际上是由各地企业和农户的金融需求所驱动的非正式金融活动地下化的产物。在小岗村，农户通过高利贷借款的比例较小，仅占 3.45%。

第三节　小岗村金融发展存在的问题

小岗村金融发展水平依然十分落后，金融供给难以满足金融需求，究其原因，主要是由于信用约束、信息不对称约束、成本约束和制度约束等因素。

一、信用约束

正规金融的经营为规避风险，对其信贷业务做了契约性的约束前提即商业信用，这个前提可以使正规金融甄别出贷款风险级别，但是这一前提对农户的贷款约束是致命的。农户具有耕地、生产资料、房屋等实物，但缺乏正规金融信贷所需要的抵押物——商业信用，他们缺乏房产与土地产权，缺乏可以将实物变现的机制。例如，小岗村虽然以农户住房作为抵押，但一旦违约，农户住房是难以收回和变现的。因此，对农户的贷款都要求公务员等有固定收入的人担保，但普通老百姓很少认识这类人，即使有，他们也不愿轻易做担保人。因此，信用约束机制导致农户的信贷申请难以得到正规金融的支持，转而选择民间金融。

二、信息不对称约束

信息不对称指交易中的各人拥有的信息不同，信息不对称可能导致逆向选择。在农村金融市场中，信息不对称表现为农户数量众多、规模小、家庭资产难以衡量、信用不透明。因此，正规金融机构按照标准的风险控制程序运行，通过贷前调查判断申请贷款农户的风险程度，农户普遍认为贷款手续烦琐，办理业务申请手续复杂、业务处理时间长，是农户不愿意贷款的重要原因。并且，他们更关注正规金融机构中的熟人关系，甚至通过送礼获得贷款，这就容易导致农村信贷中极易发生逆向选择与道德风险问题。

小岗村农户的受教育程度普遍较低，其中，初中学历人数最多，占调查人群的54.3%，文盲的人数占5.4%。农户对商业银行提供的金融产品不了解，对产品的约束性要求不了解，通过调研发现，有47%的人不了解信用社的贷款政策。

这两个方面的因素造成农户与商业银行双方有效信息的不对称，商业金融机构对农户的放贷极为谨慎，造成农村金融市场资金供给的不足。

三、成本约束

农户通常有收入低下、生产季节性较强、居住较分散、存款少、生产经营自然风险与市场风险大、缺乏有效抵押物等特点，这就使得对农户的贷款成本要远远高于对城市居民以及商户的贷款成本。发放贷款前，金融机构要对农户信用进行调查，但是农户数量众多，各家情况都不同，很难用统一的信用体系去衡量，因而调查信息的成本不断提高；贷后风险的控制就更加复杂，了解农户资金运用的真实情况就要对每家进行长期跟踪，可是商业银行的经营性质决定了其完全没有足够的人力去跟踪调查。

笔者在调研中发现，小岗村的不良贷款数量较多，从信用社的数据中发现，2009 年发放的仅蘑菇贷款项目共有 27 个，其中有 26 个贷款项目逾期，总金额为 58 万元，平均贷款余额为 2 万元。而信用社共 5 名工作人员，根本无力追讨，成本较高。因此，这些人力、财力与时间成本成为农户贷款的约束条件，使农村金融市场的贷款活动受到制约。

四、制度约束

制度约束是指对农户可以获得的融资方式以及途径的合法性问题的约束。正规金融具有合法性，金融监管机构鼓励其发展，但由于以上种种约束影响其在农村的作用发挥；非正规金融则不具有合法性，经营界限模糊，不受法律保护。

农村信用社难以满足“三农”需求。目前，农村信用社在农村金融实践中的基础地位和主力军作用是毋庸置疑的。但是，长期以来农村信用社一直向集体所有、向国有靠拢，“官办”的意识和表现非常强烈，为股东负责，其合作金融的“自愿、互助、互利、民主和低盈利性”的资金和金融服务的性质体现不多。合作社成员不仅享受不到贷款的优先权、优惠权以及股金分红权，反而还要接受比基准利率高得多的贷款；社员大会、董事会、监事会等民主管理制度根本起不到应有的作用，干部是任命制而非选举制，因此失去了村民的信任和支持。虽然经过多次改革，但农村信用社从来没有真正成为合作金融组织。这将影响其对农村市场经济主体的服务。

农村信用社在长期的发展过程中，由于众所周知的原因形成了一些体制性弊端，阻碍了信用社进一步发展。具体来说，信用社面临的制度困境有：治理结构不完善、产权关系不清晰、经营目标错位、管理制度不完善等，由此导致了信用社行为的异化。以上问题的解决并不是一朝一夕就能够完成的。显然，在目前的情况下，农村信用社能够更好地实现对农户金融服务的可能性并不是很大。既有的制度性和体制性的约束给信用社的经营造成的“惯性行为”可能还会持续。因此，农户金融需求的满足还要考虑其他的途径和方式。

农村信用社是直接覆盖农村地区的正规金融机构，根据笔者的调查，虽然小岗村农户借贷现象非常普遍，但从信用社贷款的农户占所有贷款农户的比例不足30%。其原因如下：一方面是因为农户贷款一般比较分散，而且数量少，交易成本高，风险大，信用社倾向于把款项投放于乡镇企业和民营企业，以获取更高的利息收入；另一方面是因为信用社在工作流程、服务方式、资金实力等方面不适应农户的需要。相对于非正规借贷，信用社贷款在贷款条件、贷款程序、借款人的资信和还款能力等方面有一定的要求，这在一定程度上限制了农户的借款意愿。信息的不对称和对信用社的不了解，也使许多农户不敢向信用社贷款。

第四节　小岗村金融发展的建议

一、改善小岗村的信用环境

笔者经过调研发现，小岗村银行贷款的违约率较高，小岗村人在小溪河镇信用社的71笔贷款中，不良资产达12笔，远高于其他地区（表4-8），其中，2012年核销的贷款共有30笔，其中小岗村就有9笔，占30%。在调研过程中，笔者接触到一农户借款2万元逾期未还的，并进一步了解到他未还款的原因不是无钱可还，而是不愿还，他表示还有借款更多的人也一直没还，所以他也不准备还。这种不良信用所导致的“示范效应”是非常明显的，以致出现多人欠钱未还（都是欠银行的）。由此，信用社等银行曾表示不愿对小岗村的村民贷款，村民也意识到银行贷款很难。甚至有人在小岗村投资的动机就是希望能获取无偿的资金支持，笔者在信用社调研时，恰巧遇到一位企业主咨询“如果在小岗村投资能否借钱不还”的问题。

金融与信用紧密相连，金融的发展程度最终依赖信用的建设。信用环境的建设需要长期的过程，破坏却可以在一瞬间完成。因此，小岗村要发展金融，首先要大力加强对农民的信用意识教育，不断改善小岗村的信用环境。

表 4-8　小岗村在信用社的贷款分类

贷款分类	次级	关注	可疑	正常
笔数	1	11	16	43
占比（%）	1.41	15.49	22.54	60.56

资料来源：小溪河镇农村信用社 2012 年 7 月的风险统计报告

二、发展为三农服务的新型金融组织

针对小岗村金融的发展状况，政府、银行监管部门和中国人民银行应大力支持和推动资金互助合作组织的发展，以便更好地为三农提供资金支持。农村资金互助社的定位是为贫困地区的村及村以下的互助性质的小额信贷组织服务，主要满足互助社成员小额的生产、生活和教育等融资需求，是村镇银行、农村信用社、中国邮政储蓄银行等正规金融组织在广大农村中的一种补充形式。农村资金互助社通过信誉约束、内部成员监督、多户联保等方式，为广大的农户提供短期、小额和有偿借款，可以帮助扶贫互助组织成员发展生产经营等项目，实现城乡统筹发展。

政府鼓励采取多种方式发展农村资金互助社，现有的方式如下：一是采取财政支持与农民入股相结合的方式发展农村资金互助社；二是采取政策性银行贷款、财政全额贴息与农民入股相结合的方式发展农村资金互助社；三是通过规范民间借贷组织使其转变为农村资金互助社；四是采取社会捐助与农民入股相结合的方式发展农村资金互助社；五是采取外部引导（如妇联、共青团、工商联、民政部门等）和农民自愿入股相结合的方式发展农村资金互助社。其中第一种方式目前应用得最好，但外部资金只宜作为引导，不宜占主要成分。只有以依靠农民自有资金为主，才能调动农村资金互助社自我管理、自我发展的积极性。

小岗村还没有农村资金互助社，对农村资金互助社的经营方式不熟悉。政府、银行监管部门要对农村资金互助社的管理层进行针对性的业务培训：一是对乡镇分管领导、财政所负责人和有关部门负责人进行培训，进一步明确农村资金互助社的目的以及运行程序，帮助互助社建立完备的章程，强化借款程序、资金管理、外部监管评估等各个环节的监管措施；二是组建专业的管理人员团队，并对其进行培训，包括自身建设和管理、资金运作、业务开展、财务会计管理等方面，统一印制入会申请表、借款申请审批表、借款（担保）合同、收据和财务报表等，做到账簿规范、精简高效。逐步完善内控机制和业务操作流程，帮助互助社提高管理水平，实现依法合规经营和可持续发展。同时，把互助资金周转率、回收率、保值增值效益，纳入对有关村的年度工作目标考核。

三、进一步发展和规范担保市场

担保企业是信用中介，应该基于信息加工的原则开展业务。因此，担保企业应该发挥信息中介优势，通过信息发现、信息成本违约救济等信息技术，提高中小企业通过担保公司获取贷款的可行性。

首先，进一步加大政府对现有担保公司的支持力度，同时，引进民间的担保公司，推动担保公司多元化，增强担保市场的竞争力。其次，通过完善监管规定和优惠政策，尽量杜绝担保企业的反担保行为，奖励担保企业的规范担保行为。最后，建立健全有利于缓解中小企业融资难的信用担保体系。要在政府引导和财政支持下，设立中小企业担保基金，组建信用担保机构，支持各级担保和再担保机构的创业资助、担保和再担保机构的风险补偿等，并对中小企业信用担保机构给予一定的创业资助，提高担保能力，完善风险分担机制。担保公司充当信息中介，通过努力优化信用环境，建立正常的信用关系。

四、建立健全配套措施，营造良好的金融服务环境

一是地方政府及其相关部门要从建立社会诚信关系，形成各利益主体相互支持、共同发展的良好机制入手，认真研究解决涉及本部门的具体问题，要采取扶持政策，规范抵押、评估、登记程序和操作规程，降低收费标准，减少企业融资成本，为银行做好企业金融服务工作创造良好的条件。

二是地方政府出资建立中小企业贷款风险补偿基金。一方面用于对各银行当年新增小企业贷款高出银行风险定价损失部分的补偿，另一方面用于对小企业金融服务开展情况较好、贷款风险控制有效的银行实施奖励。

三是进一步完善有利于小企业融资的税收、担保政策，建立适合小企业特点的征信体系、评级发布制度、违约信息通报制度，制定小

企业信用制度管理办法。银行监管部门要定期通报小企业违约信息，银行业协会要适时发布小企业名单。

四是改善司法环境，提振银行支持经济发展的信心。地方政府及其有关部门要重视银行不良资产的风险防范与化解工作，协助银行清理不良贷款。

第五章　小岗村消费研究

基于生产消费数据统计困难以及生产消费是为了满足再生产、提高收入水平用于生活消费两个方面的因素，本章主要研究生活消费，不涉及生产消费。首先，笔者结合调研资料，系统描述村民生活消费的现状，多层面反映小岗村消费的结构和特点，并通过对比“十一五”和“十二五”两个时期村民生活消费情况，深刻反映村民消费的变化；其次，笔者从四个方面分析小岗村消费水平不高的原因，突出收入水平和政策因素对消费的影响；最后，为小岗村提升消费水平提供可以参考的政策建议。

第一节　小岗村消费现状

消费是生产和发展的重要目的和归宿，也是衡量经济社会发展水平的重要指标。总体来看，小岗村消费水平随着家庭收入水平的提高而上升。根据调研，笔者发现，2010 年和 2011 年小岗村人均可支配收入为8 000～9 000元，吃、穿、住、行等基本需求都已得到满足，而且生活水平明显地高于周边农村地区。2015 年，小岗村居民人均可支配收入约为14 700元，村民住房条件、家用电器、日常生活（商品消费、通信消费、子女教育等）明显与城镇水平相当。但是受收入增长、消费习惯、预期因素和政策影响等条件的约束，小岗村消费水平不断提高的同时，消费结构仍有待优化。

一、小岗村村民生活现状

目前，小岗村村民的收入有多个方面的来源，主要包括传统务农收入、当地和外出务工收入以及政府补贴。从收入来源来看，结合调研资料笔者发现，小岗村的老人们多数在家务农、照顾留守儿童，部分年轻人外出打工挣钱，部分在村内的企业打工（2011 年小岗村企业吸引近 300 名村民返乡工作，2015 年近 600 名村民返乡工作）。此外，小岗村村民从事多种旅游业服务，例如有的村民在友谊大道两旁的农家乐和超市工作等。2008 年底，小岗村人均纯收入已达到6 600元，2011 年人均收入大幅提高，接近万元，2015 年接近15 000元，年均增长超过 10%。传统务农收入已经不再是村民收入的主要来源，在家庭总收入中占比不断下降，目前仅占 1/4；务工收入成为村民收入最主要的来源，年收入为 2 万～3 万元；政府补贴针对不同区域和不同家庭的差异性较大，尚不能成为村民收入的主要来源。此外，村民收入提高的同时，收入差距也拉大了。

吴大姐一家主要的经济收入来源为务农和其丈夫在村里葡萄园打工的收入（每天 30 元）；谬姓居民收入来自夫妻俩务农收入，且生活比较困难；吴姓居民每年秋冬季夫妻外出打工，春夏在家务农和到当地企业务工，年收入为 5 万元左右；经营农家乐的几户居民收入显著高于同村其他居民，据估计，年家庭收入在 20 万元左右，并且部分“大包干”带头人享受国家的补助[①]；在石马新村从事超市经营的周某，通过夫妻外出打工的积累，在了解村民的生活需求后，经营村民生活所需的粮食、蔬菜和鱼肉品销售的店铺，家庭年收入在 8 万元左右；在其他村民聚集地，多数村民主要外出打工，年收入在 2 万～3 万元。

2016 年，笔者回访时发现，村民务工收入水平不断提高。葡萄园务工收入一般为每天 50～60 元，金小岗务工收入一般为每天 80 元，但季节性约束较强。土地流转带来的收益比较稳定，一亩地接近千元，解放出来的村民成为当地现代农业的主要劳动力。

二、村民的日常生活和消费支出

（一）村民饮食情况

村民以米饭、面食为主食。笔者在入户调查的过程中，观察到小岗村当地农户的早餐一般是米粥、面饼、馒头和面条等，午饭基本是

① 政府给予“大包干”带头人每年 800 元的补助以及过年时的实物补助。从 2011 年开始，带头人的配偶也享受政府每年1 000元的补助。

一荤两素，晚饭则通常是自家做的馒头、面糕、饼加小菜。随着收入提高，正常的鱼肉消费已经比较普遍，村民不用出村就可以购买新鲜的肉类食品、冷冻的鱼类食品、家禽以及新鲜的蔬菜瓜果。接受入户调查的吴大姐家午饭则是一碟炒螺丝、一碗蒸螃蟹、一碟苋菜。女儿正在上小学，每天早上一杯牛奶、一个鸡蛋。2016 年笔者再度回访，她家晚饭为一碟炒肉丝、一盘烧海鱼（从村内冻库购买）、两份蔬菜，主食为馒头加稀饭。这显示出村民收入提高后，日常饮食和营养水平提高，村民饮食结构得到优化的同时，开始注重健康饮食，加强锻炼。例如，吴大姐开始控制饮食，并且晚饭后到广场上跳广场舞进行日常锻炼。随着收入水平不断提高，村民饮食上已开始讲究营养，食品消费已经改变了以往的数量扩张模式，开始步入质量全面提高的阶段，粮食等食物的消费量下降，动物性食物等各种高档、营养价值高的食品消费量不断增长。村民基本用上了自来水，但一些村民仍然使用井水或者购买桶装纯净水①。

（二）家庭用电

小岗村现行民用电价格为 0.56 元/度。以小岗村一个中等四口之家为例，家中有电饭锅、洗衣机、冰箱、电视机等家电。由于受到季节影响，通常在每年的 1 月、2 月、7 月、8 月、9 月五个月中，电费超出正常水平，村民家庭用电量超过 100 度，电费为 60～100 元；其他月份的用电量相对较少，电费为 30～50 元。近些年，空调使用率正在不断提升，一家至少拥有一台空调。在石马新村，有的家庭安装了壁挂式空调，有的家庭还安装了柜机。

（三）燃料能源

传统的火灶在小岗村开始减少，主要是住房条件改善和水稻秸秆等燃料不易获得，大多数村民家中使用液化气作为日常烹饪的燃料。此外，已有 80 户左右的村民实现猪圈、厕所、沼气“三位一体”的工程，沼气成为村民另一个主要的生活能源。但调研沼气站时笔者发现，原有的沼气用户纷纷退出使用沼气，原因在于无法添加燃料和其他的技术原因。

---

① 小岗村的水源地为燃灯水库，由于水库中大量养鱼而投入的饲料、粪便等造成水质有问题。

（四）居住条件

通过调研发现，村民的居住条件得到了改善，统一规划了集中居住区，房屋的构造基本是五间房屋，面积为110平方米左右。此外，部分村民的住房为常见的平房、两层钢筋混凝土小楼，室内一般简单装潢。个别贫困户尚住在土房内。2012年，笔者走访了村里面最穷困的两户人家，住房为三间低矮的草坯房；在2016年调研过程中，笔者发现贫困户的住房条件已经得到改善，扶贫政策起到积极效果。从整体来看，小岗村村民的居住条件得到很大的改善，人均住房面积超过40平方米。

（五）家用电器

家用电器对村民来说已不再是遥不可及的高档消费品，特别是随着村民生活水平不断提高和国家推行的“家电下乡”政策，各家各户都或多或少地购买了部分高档家电。小岗村农户家电的普及率较高，尤其以一般的家电，诸如彩电、厨具为主，电冰箱、空调、电脑等耐用消费品的普及率在“十二五”期间快速上升。而太阳能热水器的普及率是最高的，几乎家家都在使用。耐用消费品数量增长、质量档次提高显示出小岗村居民的消费结构升级。耐用消费品的普及给小岗村居民家庭带来了浓厚的现代化生活气息。

从2009年2月1日起，家电下乡在原来14个省市的基础上，开始向全国推广，产品也从过去的4个增加到8个，除了之前推出的“彩电、冰箱、手机、洗衣机”之外，又新增了摩托车、电脑、热水器和空调。它们和彩电等产品一样，享受国家13%的财政补贴。小岗村的村民也同样享受到了这项惠农政策。小岗村农贸市场里的村民杨大姐告诉笔者，她在县里新买的一台美菱冰箱就是在享受国家13%的财政补贴的优惠政策下购置的，为自家节约了302元。

（六）村民出行

小岗村开通了通往集镇和县城的直达公交车。小岗村距离凤阳县约44.5千米，距离最近的小溪河镇约7.9千米。村民出行，即使是前往小溪河镇主要依靠摩托车、公共交通工具或私家车。小岗村摩托车的普及率较高，成为村民出行主要的交通工具之一；村内商店出售汽油，村民加油更加便利；越来越多的富裕农民家庭已购置了面包车、小轿车。小溪河镇及小岗村共有4个班次发往外地的长途汽车，分别为：小溪河镇至宁波方向（一天一班，两车轮流倒班，客车共50个座位，司机一个月工作 15 天，工资3 000元，票价 80 元）、小溪河镇至蚌埠市（一天一班）、小岗村至合肥市（一天一班）、小岗村至凤阳县（多班次）。

（七）通信和网络消费

小岗村电话和手机的使用比较普及，通过调研手机经销商和缴费网点我们发现，村民主要使用 OPPO、HTC 等品牌手机，苹果手机可以在该店订货，诺基亚、MOTO 等老牌主流手机逐渐淡出农村市场。农村居民对手机的消费偏好有所变化，不再迷恋老牌手机，逐渐接受新品牌手机，又或者老牌手机已无竞争优势可言。村民每月的通信费用基本维持在 50 元，主要是本市通话费用，其他费用，如信息费用、上网流量费用和长途通话费用所占比重相对较低。

调研发现，目前村民主要使用电信网络，每月使用费为 100～150 元，使用者多是从事服务业经营的农家乐、超市老板和村内年轻人。购买电脑的家庭主要集中在原小岗村（友谊大道两侧）。

（八）婚嫁、丧葬支出

操办喜事，除建造房子之外，还要花费 10 万元左右，礼金根据亲疏远近分为：一般关系（100～200 元），亲近关系（400～500 元）。丧事花费为 4 万元左右。

三、村民的文化生活

（一）小岗村文化大院

小岗村文化大院成立于 2005 年，位于村口原社区卫生服务中心的大院内。2012 年调研发现，院门口孤零零地挂着写有“小岗村文化大院”几个字的牌子，仅有的设施是几台健身器械，院内杂草丛生，也没有村民使用这些健身设施。文化大院至今没有成立专门的办公室，也没有相关的直接负责人，就挂了一块牌子。在走访村民的过程中，笔者询问村民对文化大院是否了解，一部分村民表示完全没听过，另一部分村民则表示去村卫生服务中心看病时见过院门口的牌子，但从来没进去过，兴趣不大；多数村民认为没有时间和兴趣参加这些活动，而日常的农业劳动就是最好的体育锻炼。2016 年，笔者再度回访文化大院，发现健身器械和环境不断改善，但参与其中的村民为数不多，包括小岗村书屋也基本处于闲置状态。小岗村公共文化建设水平有待提高。

（二）发展中的广场健身舞

夏季的每天晚饭后，只要天气适宜，村委会办公室楼前的广场上都会聚集一群村民，集体伴随着音乐跳起健身舞。从现场观察来看，跳舞的人数有 20 人左右，跳舞的人群以女性为主，年龄分布较广，从十岁的孩童到二十岁左右的女孩子、三四十岁的大姐一直到五六十岁的阿姨。根据村民介绍，得知文化广场建成后，健身舞活动刚开始只有 3 位村民参与，经过几个月的发展达到现在的人数，并且其规模不断扩大。

（三）电视节目

观看电视节目成为村民劳作之余休闲的主要方式。在入户调查的过程中，笔者了解到现在的小岗村家家户户都有彩电，大多数人家安装了卫星电视，部分村民家接有数字电视。村民观看的电视节目以新闻联播、电视剧、综艺节目为主（表 5 - 1）。

表 5 - 1　不同年龄段群体的节目内容偏好

年龄段	节目内容偏好
老年人	新闻联播、戏剧（大鼓、说书）
男性青壮年	新闻联播、法制节目
女性青壮年	电视剧、综艺节目
儿童	卡通片

资料来源：根据 2011 年、2016 年暑期实地调研资料整理所得

（四）棋牌娱乐

在小岗村走访过程中，笔者经常可以见到有些村民聚集在超市内一起打扑克牌和麻将。一位大爷说，类似这种打牌娱乐活动主要为了放松一下。参与的人群主要包括从事超市和农家乐的老板、家庭条件比较好的妇女和节假日期间返乡的人。

四、基础设施建设

（一）小岗村医疗卫生服务中心

宁国市捐资兴建的小岗村医疗卫生服务中心（图 5 - 1），基础设施完备，并购置了多种比较先进的医学仪器，如心电图、B 超仪器等。凤阳县卫生局招聘了 5 名医生，均具有助理医师资格，加上原有的刘洪彩

等几位“赤脚医生”，较好地解决了全村的公共卫生以及村民常见病、多发病和慢性病的治疗和康复问题。

图 5-1　小岗村医疗卫生服务中心

从小岗村医疗卫生服务中心刘洪彩医生处得知，全村已经建立了健康档案，新农村合作医疗的普及率已经达到99%以上。村民普遍反映加入医保后看病有了一定的优惠，对农村的医疗服务水平比较满意。目前自费比例为30%左右，医疗费用报销流程比以前便捷。存在的问题主要是多名医生的福利待遇不高，而新进的乡村医生普遍寻求机会去其他更好的地方工作；小岗村卫生服务中心与小溪河镇卫生院之间缺乏联系，工作指导和病人双向转诊工作机制尚未建立起来。

（二）教育投入

各级政府加大了对小岗村基础设施的投入力度，先后建立了小岗村爱心幼儿园、小岗村小学和小岗村中学。但在调研过程中，笔者发现原石马村村民反对将使用仅两年的原石马小学废弃，反对全村学生统一归并到新建的小岗村小学，反对的理由是石马村的学生必须每人每天缴纳 4 元校车接送费。

“十二五”期间，小岗村加大对教育事业投入的力度。例如，对在小岗村学校任教的教师给予每人每月 300 元的生活补助，对村里考入高校的优秀学生给予1 000～10 000元不等的奖励；仅 2015 年即发放教师补助资金、教育教学奖励资金 23.49 万元，其中，教师生活补助资金 9.77 万元，教育教学奖励资金 4.47 万元，高校入学奖励资金 3.2 万元。同时积极争取项目资金 328 万元，建设1 562平方米的教师周转房和 531 平方米的食堂。

（三）其他

村内道路硬化面积为25 000平方米，并修建了小岗村到南洛高速、省道 S307 和合蚌路的三条快速通道；按照建设规划，除去在原地翻盖了新房，大多数村民搬进了住宅新区；全村通上了自来水；78 户实现猪圈、厕所、沼气“三位一体”工程；另外，小岗村还兴建了学校、社区卫生服务中心、农贸市场、综合服务中心、“大包干”纪念馆、文化广场等，显著提升了生活水平，改善了人居环境。

五、村民日常生活消费

随着近年来小岗村经济发展，当地农民收入增加，农民日常生活消费的种类、内容、质量都发生了较大的变化。

生活消费品的种类显著增加，笔者在当地小卖部发现，商品基本能满足当地居民消费的需求。生活消费品的内容也不断丰富，例如洗发用品不再是单一的洗发水，还增加了护发素等护发产品的消费。生活消费品的质量显著提升，优质品牌产品并不少见（表 5－2）。

表 5－2　小岗村居民日常生活消费品种类和品牌统计

日常生活消费品种类		日常生活消费品品牌
烟		中华、红三环、雄狮、红梅、红双喜、黄山、红塔山
酒	白酒	古井原浆、皖酒、稻花香、种子窖、口子酒
	啤酒	雪花（瓶装）、青岛（易拉罐装）
日常生活用品	食用油	财满园、福临门、金龙鱼
	洗发水	拉芳、飘柔、顺爽、海飞丝
	护发素	潘婷、飘柔、欧莱雅
	牙膏	黑人、纳爱斯、竹盐素、佳洁士、高露洁
	洗衣粉（液、皂）	白猫、雕牌、奇强、奥妙、金纺（洗衣液）
	其他	舒肤佳香皂、丹姿沐浴露、孩儿面面霜、六神花露水

资料来源：根据 2016 年暑期实地调研资料整理所得。

第二节　小岗村农民消费存在的问题分析

一、农民收入增加，但增幅较为缓慢，收入来源多元化有待提高

“一年越过温饱线，二十年没进富裕门”是小岗村改革二十余年来经济发展的真实写照，当前的小岗人过着温饱有余而富裕不足的生活。从1984年起，小岗村开始增产不增收。在1987年的粮食总产量高于1985年的情况下，小岗村人均纯收入反而减少了71元。种粮成本上升而粮食价格下降固然是直接原因，但也间接反映出小岗村人对土地过于依赖。至1992年，小岗村人均纯收入只有640元，低于全县农民的平均水平。虽然1997年小岗村人均纯收入高于全县农民的平均水平，但与同县乡镇相比，仍然相距甚远，如同期凤阳县的西泉、刘府等一些村或村民小组的人均纯收入达5 000元甚至上万元，超出小岗村一倍甚至几倍以上。小岗村2006年才基本达到6 000元的水平。“十二五”时期，小岗村人均收入以年均11%的速度增长，传统农业收入继续下降，而务工收入成为主渠道。如何提高村民文化技术水平成为这一时期的主要问题，不少落户小岗村的企业反映，村民的专业化技能与企业用工的要求存在矛盾。

二、村内基础设施建设仍有待完善

虽然小岗村的基础设施有了较大的改观，但交通、通信、自来水的普及率低于城镇，这限制了一些耐用消费品在农村的普及，影响了农民消费规模的扩大。如洗衣机，一部分村民没买洗衣机主要是尚不能用上自来水以及水质较差的原因；如网络费用，小岗村相对于城市的费用高出很多，并且常出现网络不稳定的状态；如交通状况，石马、严岗两处居民聚集区的道路多是土路，下雨过后，难以正常行走，因此，对于基础设施建设落后的石马、严岗，应重点扶持，以改善农村环境。

三、村民的消费结构有待升级

村民用于自身发展、休闲享受及其他消费的比重、内容、方式并

没有明显增加。村民文化娱乐活动形式单一、层次有待提升。更进一步来看，小岗村人均收入水平不断提升，物质方面的需求得到很大程度的满足，而精神层面却比较匮乏，除去文艺汇演和集体广场舞之外，我们在调研中发现，各类农村的陋习仍然存在，而基层文化建设的不足是这一问题的症结所在。

四、农村消费品市场现代化程度低

小岗村缺乏具有现代化购物环境的网点；坚持传统的经营方式，连锁、直销等现代化经营业态少；杂货商店多，缺乏适应高、中、低档消费群的市场细分；“老商品”“大路货”受农民欢迎，实用、价廉的名牌商品少。

五、消费安全问题在较长一段时间内仍是农村消费的突出特点

目前，农村市场缺乏现代经营意识，缺乏长远发展规划的指导，缺乏科学的管理手段和政府的严格监管，假冒伪劣产品较多，市场诚信度低，这在一定程度上损害了广大农民的消费权益，使农村的市场资源受到了严重破坏。例如，在自营的小店铺，洗发水、洗洁精和食用油等日用品的假冒伪劣现象尤为突出。

第三节　政策建议

一、积极增加农民收入

农民增收是社会主义新农村建设的核心内容，坚持发展是第一要务，要通过产业优化（农业结构调整、发展非农产业等）来巩固增收基础。村领导要对当地具有比较优势的产业进行扶持、培育，如对葡萄、甜叶菊、黑豆等特色农业扩大种植面积，加大管理力度，努力发展农业产业化经营，对农产品进行精深加工，使农产品科技含量高，竞争力强；还要大力开发其他优质农产品和绿色安全食品，发展新兴特色产业；未来村民的增收还取决于村民的农业种植水平和专业化技能的提升，组织村民开展专业化的技能培训成为关键。

二、加强基础设施建设，提升农民生产和生活条件

要加大基础设施建设的投入力度，积极调整财政支出结构，并且将当前农田水利、乡村道路、安全饮水和产业发展必须具备的基础设施作为重点投入对象。

三、农民的精神文化生活有待进一步丰富

完善文化事业基础设施，如文化广场、休闲公园、图书馆等，通过举办各种文艺活动，营造文化氛围，积极提高村民的精神生活水平。

四、加快完善农村社会保障体系

滞后的农村社会保障体系抑制了农村消费力的释放，这是影响农民消费的重要因素之一。我国是典型的农业国家，农民占总人口的大多数，其消费规模却比较小。早在1978年，全国县以下社会消费品零售总额占全国的比例为67.6%。而到了2008年，该数据却降为32%，30年里下降了35.6%。

完善的农村社会保障制度有利于促进农民消费水平的提高。例如，当农户参加了新型合作医疗时，农户会增加消费支出，也就是说，农户在面临较少的预期风险时，预防性储蓄的动机会减弱，有利于其消费水平的提高。由此可见，完善的农村社会保障体系有助于促进农村消费市场发展。

第六章　小岗村教育和人力资源研究

第一节　小岗村教育

教育和人力资源是经济社会发展的原动力，是新农村建设的一个重要方面。发展农村教育事业，增强农村地区的人力资本存量，是社会主义新农村建设的题中应有之义。实现农民收入和物质财富增长，最根本的路径就是推动农村教育事业发展，提高农民的综合素质，为新农村建设培养人才。较高的农村人力资本存量，不但能实现生产要素和资源的优化配置，而且可以塑造农民的道德品格，转变思想观念，从而成为新农村建设的根本动力。

本章所研究的小岗村教育和人力资源，主要是从村民受教育情况和小岗村劳动力现状两个方面来研究，并对课题组在调研过程中所发现的问题提出一些建议，发扬小岗村人创新发展、解放思想、勇于探索、拼搏向前的精神，实现小岗村跨越式发展。鉴于此，课题组曾多次赴小岗村了解情况，本章主要将 2012 年 7 月 20—21 日和 2016 年 7—9 月份的两次调查情况进行对比，并附上 2020 年 10 月份的调查资料，以阐述小岗村教育和人力资源的发展状况。

一、小岗村幼儿教育

幼儿教育是义务教育的重要阶段，对一个人的终生发展具有非比寻常的意义。平特纳、布鲁姆和格塞尔等著名心理学家的研究均发现，孩子 5 岁之前是其智力加速发展的时期，其后的智力发展速度均慢于这个阶段。因此，幼儿教育在个体的终身教育中尤为重要，个体在幼儿时期所受到的智力刺激，将有助于提高其学业成绩，为将来的成功奠定基础。为此，课题组曾多次前往小岗村调查。2012 年 7 月 20—21 日，课题组来到小岗村调研时，小岗村有两个幼儿园：小岗爱心幼儿园和石马幼儿园，适龄儿童上幼儿园的比例接近 100%。2016 年 7—9 月份，课题组再次来到小岗村时，小岗爱心幼儿园将石马幼儿园正式纳入进来，成为小岗村目前唯一的私立幼儿园。

（一）小岗爱心幼儿园和石马幼儿园

1. 小岗爱心幼儿园

小岗爱心幼儿园位于友谊大街北侧，为私立幼儿园。该幼儿园于 2008 年 8 月 28 日正式开学。目前包括园长在内共有 6 名教师，都是年轻女性教师；共有 120 名儿童，大部分为小岗村的孩子，年龄为 2～6 岁；幼儿园按照年龄大小，分为小、中、大三个班。幼儿园管理比较完善，制订了合理且详细的教学计划。幼儿园证照齐全，儿童活动设施比较完善，其中部分设施是安徽省财政厅等部门捐赠。但是幼儿园卫生条件较差，儿童和教师使用的都是没有进行改水改厕的户外厕所。该幼儿园在小溪河镇上另外设立了一个分园（不在课题组的调查范围之内）。小岗爱心幼儿园在当地获得了较好的评价。园长是一位大包干带头人的女儿，于 1998 年毕业于凤阳师范高等专科学校，毕业后在凤阳商业局幼儿园工作 10 年。2008 年，沈浩到凤阳县开会，动员这位女幼儿教师到本村幼儿园做贡献，可能被沈浩的真情所感动，她爽快地答应了。

2. 石马幼儿园

石马幼儿园位于小岗村南部的石马村，条件比较简陋，目前只有 20 名左右的儿童。据悉，2012 年秋季开学后，石马幼儿园的儿童将大部分转移到小岗爱心幼儿园，石马幼儿园将逐渐被小岗爱心幼儿园所取代。收费方面，两个幼儿园是统一标准的：在学费方面，如果家长自己接送，每学期学费是 400 元；如果幼儿园负责接送，每学期学费是 950 元。每年免费赠送一套校服。特困家庭免缴学费，石马村的一位特困学生免学费已有两年。幼儿园提供中餐，价格为 3 元左右。目前，两个幼儿园开设四个班级：小班有 10 多个学生，中一班有 30 多个学生，中二班有 40 个学生左右，学前班有 40 多个学生，总人数有 140 人左右。老师都拥有相关资格证书，实习老师工资为 700 元/月，老教师工资为1 000元/月。国家对其没有补助，但逢年过节相关部门会提供赞助。幼儿园每年盈利为 3 万元左右。

(二) 石马幼儿园并入后的小岗爱心幼儿园

2016 年 7—9 月份，调研团队再次深入小岗村开展实地调查。小岗爱心幼儿园教室，如图 6 - 1 所示。

图 6 - 1　小岗爱心幼儿园教室

小岗爱心幼儿园在原来三个班的基础上又增加了两个班，共设五个班级，分别为小一班、小二班以及中一班和中二班，大班则只有一个班。其中，只有小二班有一架破旧的老式钢琴，中二班教室里面有一个洗手间。所有教室都只用彩纸简单布置，桌椅较为陈旧。幼儿园的办公室与保健室在同一个房间。幼儿园的儿童活动设施相比四年前更加破旧（图 6 - 2），有些活动设施破损的地方，仅使用胶带进行简单的修补。另外，幼儿园的卫生条件相比四年前没有太大的改观，儿童和教师使用的仍是户外厕所，位于两栋楼之间的缝隙处，气味异常难闻。

课题组于 2016 年 7—9 月份访问幼儿园时，由于园长回了凤阳县的家中，于是采访了园长的父亲。园长的父亲告诉课题组，在收费方面，每学期学费是 800 元，幼儿园提供中餐，但学生家庭不用另外交纳就餐费，而且小岗幼儿园现在已经不再派校车接送学生上下学。幼儿园在举行一些活动时，妇联有时会赞助一些儿童服装。幼儿园除园长之外的七位老师，都是聘请的大专生或中专生，具备相关的资格证书。实习老师的工资从 700 元/月涨到1 000元/月，老教师的工资则从1 000元/

图 6-2　小岗爱心幼儿园活动设施

月涨到1 700元/月。

为保障民办普惠幼儿园持续发展和留住教育人才，一方面，村委会在每年的教师节为幼儿园教师发放照顾性补贴。笔者通过 2020 年 10 月的调查发现，小岗村目前为每位年轻的幼儿园教师提供每年 300 元的补贴。对于资历较深的幼儿园教师，小岗村则每年补助 400 元，从而为当地幼儿园留住教育人才。另一方面，从 2016 年 9 月到 2020 年 10 月，小岗村为幼儿园教师提供岗位培训的次数明显增加。目前，小岗村每年为幼儿园教师提供 4 次国家级培训和 1 次省级培训，以帮助幼儿园教师提升教学水平。

（三）小岗村幼儿教育存在的问题

虽然每个孩子的入园机会是均等的，但是，课题组经调研了解到，小岗村的幼儿教育实际上还存在较大的问题。首先，硬件设施方面较为简陋。例如，供幼儿玩耍的娱乐设施较为破旧，幼儿及教师使用的仍是未改造的厕所等。其次，幼儿教师不但数量不足，而且没有学习机会。幼儿园教师是实施教学与实践活动的主体，只有具备较高的师德和教学技能，才能树立良好的道德观和教育观。最后，幼儿园的课程单一、活动单调，采取“保姆式”的教育，并没有帮助幼儿养成良好的习惯，更无法充分激发幼儿学习和参与活动的热情。

二、小岗村的小学教育

农村小学教育在义务教育阶段具有基础性和先导性的重要地位，承担着发展农村教育事业的重要职责。2012 年之前，小岗村有两个小学：小岗小学和石马小学。当时小岗小学的学生和教师数量比石马小学更多。所以，同石马幼儿园并入小岗爱心幼儿园一样，石马小学最终也在 2012 年秋季开学时，正式并入了小岗小学，由小岗小学承担起了小岗村所有适龄儿童的教学任务，小岗小学也成为小岗村目前唯一的公立学校。

（一）小岗小学和石马小学

1. 小岗小学

小岗小学位于友谊大街南侧小岗爱心幼儿园对面，共有六个班级（每个年级一个班），学生 200 名左右，9 名教师（其中 2 名教师为调来的大学生），其中 6 名为在编教师、3 名为临时工作人员。毕业的小学生大部分升入镇上的小溪河中学，也有少部分进入凤阳县城的凤阳二中等学校。由于调查时正值暑假，学校只有建筑物，教室内没有桌椅。据学校工作人员介绍，学校利用暑假将桌椅拿走进行修理。学校硬件设施与同级别的乡村小学相比较好，门窗都安装了防盗栏和防护栏，操场拥有两个篮球架和六七个简易的健身设施，但健身设施旁边已经长起了半人高的杂草，可见健身设施的利用率不高。

2. 石马小学

石马小学位于石马村主干道的东头，拥有约 50 名学生、3～4 名教师，教学条件简陋。石马小学当时只有四年级学生与五年级学生，在 2012 年秋季开学之后，学生进入小岗小学继续上学。在未来的两年，大部分石马小学的学生都将搬迁至小岗小学。2009 年 9 月 10 日，教师节这一天，小岗村党委“第一书记”沈浩携其他村干部等，来到小岗村石马小学，慰问小岗村所有教师，包括小岗小学、石马小学及幼儿园的老师。沈浩书记强调了孩子启蒙教育的重要性、育才先育人的重要性以及基层教育工作者对新农村建设的重要性。村委会副主任关友江（大包干带头人之一）代表村党委及村“两委”，向教师代表发放节日慰问金。

（二）石马小学并入后的小岗小学

2016 年 7—9 月份，课题组再次去小岗村调研时，石马小学已经并入了小岗小学，学生人数增加了100余名，共有300余名小学生。教室建有左右推拉式的黑板，中间有嵌入的电子白板，并设有投影仪。教室的地面是水泥地，平整干净。小岗小学的面貌较四年前已经有了很大的改观，但教室内的桌椅较为破旧，墙面也泛黄、掉粉，坑坑洼洼，学生在上面乱涂乱画的痕迹非常明显。小岗小学的操场上供学生锻炼玩耍的设备较为简单，现拥有400米塑胶跑道，塑胶跑道干净整洁；2个篮球场，但是篮球架已经有一定的破损，且篮球场的面积较小；1个较大的足球场，学生对此的利用率与评价也较高；6个乒乓球台，但当时的几名学生反映，很少有同学使用，乒乓球台上的球网已不知所踪；还有其他的简易健身设施6～7个。另外，小岗小学还建有少年宫，小学生可以在少年宫内学习弹钢琴、唱歌、画画、下棋等。毕业的小学生大部分直接升入小岗中学，也有少部分进入凤阳二中等学校。小岗小学还获得体育彩票公益基金资助，每年资助金额为5万元。该笔款项为改善小岗小学的办学条件提供了重要帮助。

小岗小学非常重视学生在德、智、体、美、劳各个方面的发展。从课程结构方面分析，在2012年和2016年的调研期间，小岗小学的课程比较单一。然而，在2020年10月的调查中，笔者发现小岗小学已经增设了武术、足球、绘画、舞蹈等多个兴趣班，丰富了学生的课外生活。此外，从2016年9月到2020年10月，体彩公益基金先后给予小岗小学的资助金额累计为30万元，其中每年3万元被用作小岗小学的少年宫和操场建设经费。这为培养孩子们在体育、美术以及音乐等方面的爱好提供了稳定的财力保障。

（三）小岗小学教育存在的问题

在石马小学并入小岗小学之后，小岗小学在图书、桌椅、教室、多媒体教学设备等基础设施方面的面貌有了很大的改观，但是，目前小岗小学的发展尚存在一些不可忽视的问题。首先，从硬件设施方面来看，小岗电脑课的效果甚微，主要原因是小岗小学购置的电脑配置低、运行慢，这对教师教学质量和学生听课质量造成了不良影响。其次，小岗小学的发展更多地受限于教师的数量与质量方面。这主要是因为小岗村的教师不仅教授一门课，经常因为某一门课程缺少教师，其他课程的教师在对该领域的教材和教学方法不熟悉的情形下，不得不执教该课程。这不但导致了教师在教学过程中的重重困难，影响了教学质量和学生听课质量，而且压缩了教师的备课时间，容易导致教师顾此失彼，无法全面照顾。最后，学校的教育资金紧缺，小岗小学的教师几乎没有进修和实践的机会，无法接触最新的知识，精神上得不到满足，这也导致了教师的流动性较大。

三、小岗村初中学校

小岗村初中建设完工的最初两年时间里并没有开办起来，主要原因是没有中学教师愿意来这里。从 2012—2016 年，时隔四年的时间，小岗村初中终于逐渐发展起来。小岗村初中（小岗学校）与小岗小学建在同一个地方（图 6－3 和图6－4），小学生和初中生在同一栋楼里面上课（图 6－5）。小岗初中从初一到初三，每个年级只有一个班。初一有 42 名学生，8 位老师；初二有 40 名学生，5 位老师；初三有 52 名学生，7 位老师。学校还为学生建设了图书馆和物理与化学实验室，里面的图书、桌椅、实验器具等设施都较为齐全。另外，学校还为老师建了一栋四层楼高的教职工公寓（图 6－6）和一个食堂（图 6－7）。每个宿舍面积为 30 多平方米，里面有一个阳台，配有空调、电脑、洗手间等。小岗村至今没有高中学校，学生初中毕业之后，大部分选择去凤

图 6－3　小岗学校正门

图 6-4　小岗学校宣传栏

图 6-5　小岗学校主教学楼

图 6-6　小岗学校教职工公寓

图 6-7　小岗学校食堂

阳县高中继续读书，也有学生去凤阳县临淮镇高中上学。小岗村每年考上大学（含专科）的人数接近10人。

截至2020年10月，已有多名来自小岗村的中学毕业生顺利走进了大学校园，其中第一届小岗村中学毕业生正在安徽财经大学等多所安徽高校攻读学士学位。这些走出农村的大学生，为小岗村未来的发展奠定了高层次的人才基础。此外，小岗学校也在积极探索与民间教育企业合作，正在尝试开设自己的高中教育课程，以促进小岗村的教育体系更加完善。

四、小岗村教育基金

小岗村教育基金由沈浩书记为在高考或中考中取得优异成绩的本村学生设立，以鼓励学生努力学习；分别对考取专科院校与本科院校的学生，一次性奖励3 000元和5 000元。2011年，奖励标准有所提高，奖励范围有所扩大。奖励人群既包括在小岗村中考或高考中取得较好成绩的学生，又包括在教师评比中获得良好成绩的老师。

2016年7—9月份，课题组通过小岗村的党委办了解到，小岗村为鼓励学生能够继续在学业上取得更高的成就，从本科到博士均给予1 000～10 000元的奖励。对考取国内本科院校的小岗村学生家庭给予1 000～3 000元的奖励，一本的给予其3 000元奖励，二本的给予其2 000元奖励，三本的给予其1 000元奖励，继续攻读硕士和博士的小岗村学生家庭则分别给予5 000元与10 000元奖励。农村教育基金的设立，不但体现了政府对农村教育事业的支持和重视，而且有利于激励优秀学生发奋学习，同时能够缓解家庭经济状况较为困难的学生的燃眉之急。

小岗村十分重视教育投资。从2016年9月到2020年10月，小岗村教育基金的投入额度也随着教育规模不断扩大而不断增加。小岗村每年教育基金的投入额度从20万元增加至40万元，并呈现逐年增加的态势。虽然2020年小岗村的集体收入受到新冠疫情的冲击，但是其教育基金的投入额度仍然稳定增长。此外，小岗村的教育基金融资渠道也愈加多样化。小岗村与企业合作，每年投入10万元用于建立企业资助奖学金制度，不但为小岗学校带来稳定的资金支持，而且为相对困难的学生提供了入学保障。

第二节　小岗村上学子女家庭调查报告

一、调查概况

2012 年 7 月 20—21 日，课题组对小岗村入学子女家庭的调研，最后得到有效问卷 74 份，回答者年龄最小为 27 岁，最大为 69 岁。问卷中，1/3 农户的耕地被征用，家庭宅基地面积普遍为1 000多平方米。文化程度处于大专以下。有耕地家庭的主要经济来源是家庭种植业加外出务工的收入，耕地被占用家庭的主要经济来源是外出务工的收入。关于家庭经济情况，90％的农户认为自己的家庭经济情况处于一般偏下或者较差的水平。在这 74 份问卷中，80％的农户有两个以上的孩子。35％的家庭子女读幼儿园，40％的读小学，20％的读初中，5％的读高中及大专以上。家庭子女主要分布在小岗小学、小岗爱心幼儿园、小溪河镇中学以及凤阳二中。其中，有一户家庭的经济状况较好，孩子就读于凤阳私立学校——博文中学。

2016 年 7—9 月份，课题组对小岗村入学子女家庭的调研，最后得到有效问卷 100 份，回答者年龄最小为 24 岁，最大为 85 岁；42％为男性，58％为女性。问卷中，49％的农户耕地被征用，有 86％的农户的家庭宅基地在 2 亩以下，仅有 14％的农户的家庭宅基地等于或大于 2 亩。耕地被征用家庭的主要经济来源为外出务工和家庭种植业，耕地未被征用家庭的主要经济来源为家庭种植业。关于家庭经济情况，92％的农户认为自己家庭的经济情况处于一般偏下或较差的水平，仅有 8％的农户认为自己家庭的经济情况较好。

2016 年 7—9 月份的调研，关于小岗村农民的学费负担状况，平均计算，孩子教育费用占家庭纯收入的比重下降至 15.57％。在本次调查的 100 户中，只有 1％的农户表示，教育负担很重，需借款读书。该家庭的两个子女均在读高中或大学，教育负担很重，其学费已占家庭总收入的 90％，已无法正常支付孩子学费，需借款才能帮助孩子完成学业。29％的农户表示，孩子学费暂时能够支付得起，但是仍占家庭收入的很大一部分，这部分家庭的孩子也大多是在读高中或大学。因此，孩子的学费及其生活费，已成为小岗村农民的沉重负担之一，甚至需要负债才能实现孩子读书的梦想。另外，70%的农户表示，能支付学费且学费占家庭收入的比例很小，这部分家庭的孩子主要是在读小学和初中。这表明，义务教育已能够覆盖小岗村所有的适龄儿童。此次调查的100户农户均表示，孩子应该多上几年学，只要家庭能够支付，且子女一直有读下去的意愿，家庭就会一直供养下去。若出现钱不够的情况，有99%的家庭都表示，有可能会借钱或者变卖东西供孩子上学。

如表6－1所示，2012年，关于子女的学历目标，大多数家长希望依照孩子意愿一直读下去，孩子只要愿意读书，就继续读下去，不愿意读，就算了，也不勉强。这与城市居民还有一定的差距。少部分家长对子女的学历目标有较为清晰的要求。有具体目标要求的，占35.1%。希望子女能够获得较高学历的家长则非常少。例如，期望孩子获得博士与硕士学历的家长，占比分别为2.7%和6.8%。18.9%的家长希望子女至少能够读到大学本科，希望子女读到大专的家长占4.0%，2.7%的家长希望子女只读到中学就可以了。

表6－1 2012年小岗村家长对子女的学历目标要求

期望的学历目标	回答人数（人）	回答人数占比（%）
博士	2	2.7
硕士	5	6.8
大学本科	14	18.9
大专	3	4
中学	2	2.7
尽量多读点书	48	64.9
合计	74	100

2016年，小岗村家长对子女的学历有了更加明确的目标。2012年，有64.9%的家长希望孩子尽量多读点书，其中只有35.1%的家长对子女未来读书的学历有非常明确的目标和要求。2016年，课题组再次来到小岗村时发现，此时，已经有大多数家长意识到明确的学历目标能够使子女的学习成绩得到较为明显的提高。

由表6－2可知，2016年，小岗村有44%的家长认为，子女将来的学历应该至少在中学以上。具体而言，希望子女读到博士或硕士的家长分别占1%和4%，这一比例与2012年相比明显下降。2012年有

18.9%的家长希望子女能够读到大学本科，2016 年这一比例增加到了 35%。另外，希望子女读到中学或大专的家长则均占 2%。这表明，一方面，随着社会经济发展，学历作为衡量一个人教育水平和工作能力的指标之一，越来越成为个体在劳动力市场上获得更高的工资性收入和福利待遇的标准之一；另一方面，这也表明家长更加重视子女教育，开始认识到学历对子女未来发展的重要性。

表 6-2　2016 年小岗村家长对子女的学历目标要求

期望的学历目标	回答人数	回答人数占比（%）
博士	1	1
硕士	4	4
大学本科	35	35
大专	2	2
中学	2	2
尽量多读点书	56	56
合计	100	100

根据表 6-3，子女读完书，父母希望子女从事什么样的工作，55.4%的家长认为应该去机关事业单位，其次是国有企业，这样能够拿到一个铁饭碗。也有一部分家长的想法比较现实一些，有 8.1%的家长认为子女可以去民营企业或外企工作，有 6.8%的家长认为应依据子女自己的想法让其自由发展，希望子女外出打工或自己创业的家长则均占 4.0%，还有 1.4%的家长则希望子女回乡就业，另外 1.4%的家长则表示“孩子还小，没有想过”。这体现了家长对机关事业单位和国有企业的偏爱，认为在这些单位工作就可以一生无忧，既有高工资，又能获得较好的福利待遇。然而，对于民营企业或外企，大多数家长则认为，在这些企业工作朝不保夕，其养老、医疗等方面的社会保障制度不健全，无法为其以后的生活提供更好的保障。

表 6-3　2012 年小岗村家长对子女读书后的就业目标设想

期望的就业目标	回答人数（人）	回答人数占比（%）
机关事业单位	41	55.4
国有企业	14	18.9

（续表）

期望的就业目标	回答人数（人）	回答人数占比（%）
民营企业或外企	6	8.1
自由发展	5	6.8
外出打工	3	4.0
自己创业	3	4.0
回乡就业	1	1.4
孩子还小，没有想过	1	1.4
合计	74	100

根据表 6-4 可知，2016 年家长对子女读书后的就业目标设想更加多元化。第一，希望在机关事业单位工作的家长所占比例明显下降，2012 年这一比例达到了 55.4%，而 2016 年只有 7%的家长期望子女能够在机关事业单位就业。第二，对子女未来的就业目标或方向，让其自由发展的家长占比为 37%，这一比例远远高于 2012 年的 6.8%。第三，36%的家长尚且仍未对子女未来的就业目标做过多的设想。第四，希望子女在国有企业、民营企业或者外企工作的家庭所占比例分别下降了 4.9%和 6.1%，为 14%和 2%。第五，希望子女外出打工、自己创业和回乡就业的家长，四年之后的比例仍然较低，占比分别为 1%、2%和 1%。这表明，随着社会各行各业快速发展，家长的“单位情节”明显减弱，更加青睐企业或创业等就业方式，子女也将会有更多的机会接触各行各业，获得更好的成长机会。

表 6-4　2016 年小岗村家长对子女读书后的就业目标设想

期望的就业目标	回答人数（人）	回答人数占比（%）
1. 机关事业单位	7	7
2. 国有企业	14	14
3. 民营企业或者外企	2	2
4. 自由发展	37	37
5. 外出打工	1	1
6. 自己创业	2	2

（续表）

期望的就业目标	回答人数（人）	回答人数占比（%）
7. 回乡就业	1	1
8. 孩子还小，没有想过	36	36
合计	100	100

二、村民对教育的期望

推动农村教育事业发展，不但是农民的热切期望，而且是发展农村经济的必由之路。提高农村教师队伍的教学能力则是发展农村教育事业的关键所在，也是使农民及其子女获得良好的教育机会和教学质量，实现教育公平和公正的重要保障。

根据课题组在2016年7—9月份的调研，在100户受访家庭中，有87户家庭的孩子曾经在小岗爱心幼儿园上过学。有3.4%的家庭认为小岗爱心幼儿园的教师综合素质较差。关于小岗村中学教师的素质，时隔四年之后，村民的态度和认知模式也发生了一定的变化。在100户受访家庭中，同样有87户的孩子，曾经在小岗村中学上过学。其中，3.4%的家庭认为小岗村中学教师的综合素质较差，59.8%的家庭认为一般，36.8%的家庭则认为较好。因此，学校应在以下方面继续做好相关工作。

（一）提高教师素质

切实改变目前这种年轻教师留不住、教师流动性大的局面，必须提高教师素质。在小岗村中小学，一位任课教师不仅教授一门课，还要跨领域教授其他课程，这不但造成了小岗村中小学教师的工作量和工作压力较大，而且必然会对其他课程的教学质量造成不良影响，进而导致学生的学业成绩无法提升。另外，小岗村中小学的教育资金紧缺，导致学校无力承担老师进修所需的费用。因此，老师缺少了外出进修的机会，无法接触最新的知识结构以及与更多的教育工作者交流。这在一定程度上削弱了教师教学的积极性和主动性，长此以往，必然会留不住老师。因此，要改变目前小岗村教师流动性大的局面，不仅需要增加中小学教师的编制、改善农村教师待遇，还需要增加教师进一步学习的机会。

（二）提高待遇水平

随着小岗村经济社会的发展，教师的工资性收入和各项福利待遇需要逐步提高。第一，建立健全教育工作者的用人和分配制度。小岗村的校长可实行聘用制度，同时与老师签订合同，建立健全小岗村教师的绩效薪酬制度，提高其工作积极性。第二，面对小岗村教师缺少培训机会的问题，可完善小岗村中小学的网络服务，构建教师远程网络培训平台，使教师能够足不出户就可以加强对新知识、新技术、新信息的学习与了解，完成进修，同时可降低教师培训成本。第三，县、乡两级政府应通力合作，推动县中小学教师下乡开展教学活动，交流教学经验，提高小岗村的教学质量。

（三）免费提供校车

2012 年，小岗小学校车开通，实行收费制度，有孩子上学的家庭，每户每天 4 元，小岗幼儿园每月缴费 400 元，负担较大。据课题组在 2016 年 7—9 月份的调研，小岗爱心幼儿园和小岗小学，现在均不再使用校车，而是由孩子家长每天来接送孩子。从学校角度来说，取消校车减轻了学校在校车安全管理方面的压力，避免了校车维护的费用。

（四）开设音乐和美术等艺术类课程

2016 年 7—9 月份，课题组前往小岗小学调研时，恰逢遇到几位小岗中小学的学生，于是上前询问了一些小岗小学近几年的发展情况。笔者了解到，小岗小学现在已经完成了美术等素质教育课程开设的任务。但是，美术、音乐等课程的教师水平一般，并没有激发出学生对美术、音乐等课程的热情和积极性。据此可知，小岗村美术、音乐等课程的老师自身知识结构不完善，专业素养不够。另外，艺术源于生活，小岗村具有丰富的乡土环境资源，然而，小岗村的美术、音乐老师并没有充分利用这一条件，没有将当地的风土人情与课程恰当地结合、从而体现地方特色，导致小岗小学的美术、音乐等课程形同虚设。

（五）降低幼儿园收费标准

第一，加大政府对小岗爱心幼儿园的财政支持力度。虽然小岗爱心幼儿园是小岗村目前唯一一家私立幼儿园，但是它的责任重大，负责全村所有适龄儿童的学前教育。因此，政府及相关部门应当加大重视力度，投入更多的建设资金，推动幼儿园建设，发挥幼儿园的公益性质。第二，政府及相关部门可通过保证幼儿园的合理用地，减免水电费、税费等方式，间接增加小岗爱心幼儿园的收入，从而间接降低收费标准。第三，根据小岗村的经济社会发展水平和村民的经济承受能力，建立民办幼儿园教育成本认定机制，加强行政监督，确保幼儿园年内的收费项目和费用保持不变。

三、小岗村基础教育存在的主要问题

农村基础教育是农村教育事业的重要组成部分，对增强农业科技实力和推动农村的各项事业发展均至关重要。加快农村基础教育发展，这是为农村经济社会发展提供后备人才的必由之路。增强农村居民的综合素质，是增强全民素质的难点和重点，从而促进农村经济健康可持续发展。目前小岗村基础教育还存在一定的问题。

（一）家长对子女的教育期望有待提高

在调查中，课题组深深感到，在小岗村，还没有遇到父母对子女的教育提出如同城市父母那样的迫切要求，小岗村的父母对于子女的教育，基本上就是“随他（她）吧”，能够读到什么程度就读到什么程度。这种态度，一方面有其优点，即孩子可以按照自己的兴趣选择方向和领域，有利于孩子天性的发展；另一方面，这也会导致子女在学习上没有压力，过于松弛。这与城市相比，显然处于教育竞争的劣势。因为，父母对子女在学习方面的期望，往往能够促进子女奋发向上，努力提高学习成绩。这主要表现在两个方面：一方面，对子女教育有较高期望的父母，往往会通过对子女的教育投入更多的资金和时间，来提高子女的学习成绩。例如，为子女请课外辅导老师、参加兴趣班、增加陪伴孩子的时间等。另一方面，父母对子女教育的高期望会通过代际间的价值传递，影响子女对自身学业成绩的期望，潜移默化地使子女养成努力学习的习惯。

（二）教育目的仍然停留在传统教育的思维上

家长让孩子通过教育，走高考之路是传统教育的思路。在当前大学生就业难的现实情况下，若选择让孩子读普通高中，继而考大学，这意味着，若孩子考不上大学，又没有一技之长，则会陷入不利的工作环境之中。教育还有其他更为适用的目的，即提高劳动力素质，尤其是从事农业的劳动力素质。未来小岗村的发展，包括农业的发展，都需要较高素质的劳动力。此外，教育对提高企业劳动者素质也很重要。例如，在大包干纪念馆、小岗村培训中心等地方，其重要员工和中层管理人员全部来自外地，小岗村劳动力在这些企业和单位中，主要还是从事低端岗位的工作。

（三）客观的基础教育物质条件有待改善

客观的基础教育物质条件包括发展农村基础教育的硬件设施和软件设施两个方面。硬件设施指的是教学器材、教学书籍等方面；软件设施则是指教师综合素质方面。根据课题组在 2016 年 7—9 月份调研了解的情况，小岗村的教育物质条件在硬件设施方面还是有改进的空间，主要包括电脑和互联网的配备等方面。因为小岗小学和中学的电脑配置低，运行速度慢，这导致中小学生的电脑课形同虚设，但这些也恰恰是引进高素质师资的重要前提条件。小岗村客观的基础教育物质条件的弱势主要表现在师资力量方面。根据当时几名中小学生的讲述，一位老师往往带多个班级和两门以上的课程，跨年级代课也是常事。这不利于教师开展关于本学科的正常教学活动，也不利于教师能够有更多的时间带领学生开展课外活动，教师自身也没有更多的时间和精力去更新知识结构，以更好地充实自己。

四、加强小岗村基础教育的思考

从当前城乡差距较大的现实情况和统筹城乡发展的理念出发，小岗村迫切需要加快农村基础教育的发展速度。在当前经济新常态的社会背景下，加强小岗村基础教育发展，既需要立足于小岗村的实际状况，又需要与国内先进的教育理念接轨。针对小岗村基础教育存在的问题，课题组从教育方向、教育资金和师资力量三个方面提出相关建议，力求推动小岗村基础教育的进步，从而为小岗村的跨越式发展提供支撑力量。

（一）教育方向需要适当调整

农村教育应该具有农村的特色，一方面农村教育能够为城市建设与发展贡献力量，另一方面能够为建设新农村提供人才储备。因此，农村教育的目标更应该是为农村培养新型农民。根据课题组的调查，小岗村的基础教育与我国其他农村一样，在素质教育和应试教育中，选择的是应试教育这条路，教学生如何好好学习，如何考上大学。小岗村的小学、初中和高中的学生花在考试课程上的时间，占全部课程时间的比例很高。考试分数已然是评判学生成绩的一个重要标准，也是评判教师教学质量的重要指标。每年通过高考离开小岗村的学生仍然是少数，而其他多数学生则从事了与学习内容不相关的生产活动。也就是说，他们除了学习书本知识，对其他的综合知识以及与农业相关的知识则学习甚少，这不利于培养新型农民。

另外，在现在的小岗村，接受过基础教育的新生代农民工在学到知识毕业后，基本上外出打工，他们对农村的意识很薄弱，他们希望自己离开农村，在城市定居下来。从长远来看，需要对学生进行思想、文化、健康以及动手能力等方面的教育，努力提高新一代农民的综合素质。除了对学生进行素质教育，学校还应该为他们开展与农业科技相关的课程，教育他们反哺农村和农业。对于不能进一步上高中以及上大学的农村学生，政府应鼓励他们接受就业前的技术、职业以及法律知识方面的培训，让他们掌握一定的技能以及维权知识，为他们将来走上社会做好就业准备，更好地适应社会的要求，更好地实现农村劳动力转移。

（二）增加教育资金

缺乏教育资金是当前我国农村基础教育水平较低的关键原因之一。小岗村虽然获得的各项社会福利较多，但是教育经费并不多，尤其是学校的流动资金较少，教育经费也只能维持学校的正常运转，这不利于小岗村学校的进一步发展。学校教学设备也不完善。因此，从节流和开源两个方面来增加教育资金，是推动小岗村教育事业发展的必由之路。一方面，节约使用教育经费。第一，建立健全小岗村中小学教育经费的预算机制，提高教育资金的利用效率，充分利用有限的教育资金，提高农村基础教育水平。第二，建立健全小岗村中小学教育资金的监督和审计机制，对每一笔教育资金都进行严格的审查和监督，杜绝相关人员从中克扣和贪污的现象。另一方面，多渠道筹措农村教育资金。增加农村教育资金，除了依靠政府财政拨款之外，还要努力开拓新的资金来源渠道。例如，小岗村可通过引进民间资本参与学校基础设施建设，或可通过从福利彩票中抽取少量奖金，支持农村基础教育发展，等等。另外，提高资金使用效率也能够有效解决农村基础教育资金紧张的问题。

（三）加强师资力量

由于城乡老师待遇、教学条件差距大，从而导致优秀老师外流，农村师资教育质量偏低。根据课题组 2012 年的调查，小岗村没有高中，只有一所初中，并和小学建于同一处，只是暂时还没有高中。小岗村老师的综合素质普遍偏低，年龄、学科结构不合理，培训机制缺乏，部分老师的年纪已经较大，甚至有的老师已经退休，依然奋斗在教学岗位上，年轻老师的数量则非常少。音乐等素质教育学科的老师数量非常少，学校素质教育跟不上，教学质量就很难得到保证。

农村教育的关键还是教育人才，要留住优秀的老师，农村学校必须采取一系列的鼓励措施，完善工资制度，提高乡村教师的奖金额度，尽量缩小乃至消除农村教师与城镇教师的收入差距。政府对于那些踏实肯干、业务精湛、成绩突出以及被学校、学生和家长认可的优秀教师要加大奖励力度。在农村教师的职称评定和编制方面，要尽量放宽并加以完善，以免影响农村教师队伍的稳定和农村基础教育事业的健康发展，另外，促进农村在法制、环境与文化方面的全面发展，营造良好的发展氛围。

第三节　小岗村人力资源与培训

一、劳动力接受培训情况

小岗村不断发展规模化的葡萄种植技术，经过示范、培训和推广，小岗村的部分农民学会了葡萄种植技术，取得了明显的经济效益。

小岗村目前有一个颇具规模的小岗村培训中心（图 6－8 和图 6－9分别为小岗村培训中心和农业部农村实用人才培训基地）。2011 年 7 月，课题组到小岗村调查时，小岗村培训中心还在建设；2011 年 10 月投入运行。2012 年 7 月，课题组前来调查时，也住在这里。小岗村培训中心是农业部确定的农村实用人才培训基地。小岗村培训中心建设总投资为 1.5 亿元，坐落在小岗村的西南边，占地面积为 16 万平方米，具有培训、住宿、餐饮等功能。目前，一期工程（2.38 万平方米的综合楼和教学楼）已经投入使用，宴会厅可容纳1 200人就餐，另有 22 个餐厅包厢。教室可容纳1 800人上课，并有专用的电脑教室和 LED 教室；有 2 个会议室、2 个会客室，可同时承办 2 个会议。

图 6-8　小岗村培训中心

图 6-9　农业部农村实用人才培训基地

二、小岗村劳动力流向

小岗村当地青年高中毕业后大部分外出打工，主要流向东南沿海地区，如浙江、上海以及广东等地，一小部分青年则留在当地打工及务农。我国新农村建设，不仅需要政策、资金，还迫切需要人才。青壮年劳动力的外出，不仅导致小岗村丰富人力资源的流失，还影响了当地各项事业的发展。根据凤阳县人社局在2012年初组织开展的小岗村劳动力资源普查结果，全村劳动力有2 628人。其中，16～30岁为860人，31～50岁为1 464人，51～59岁为304人。外出务工的劳动力为811人。

由表6-5可以看出，小岗村家庭收入主要依靠外出打工的，占62.2%；依靠本地打工的，占2.7%；二者合计64.9%。主要依靠家庭种植业的，占18.9%；主要依靠外出打工和家庭种植业的，占2.7%；依靠低保的占2.7%；8.1%的农民在本村开店获取经济收入。由此可见，小岗村有一半以上的农民，都选择外出打工来获取经济收入。这是农民的无奈之举，表明小岗村的农业经营收入低，无法维持家庭生活，同时也在一定程度上体现了小岗村近几年发展起来的一些企业的收益并不好，所以导致小岗村大量的人力资源流失。青壮年劳动力的缺乏，势必会延缓小岗村经济社会发展的速度，导致农民的生活水平提升较慢。

表6-5 2012年小岗村农民家庭收入的主要来源

家庭收入的主要来源	回答人数（人）	回答人数占比（%）
外出打工	46	62.2
本地打工	2	2.7
家庭种植业	14	18.9
外出打工和家庭种植业	2	2.7
低保	2	2.7
本村开店	6	8.1
其他	2	2.7
合计	74	100

2016年，小岗村农民家庭收入的主要来源更加多元化。第一，以打工（外出打工和本地打工）为主要收入来源的家庭占比下降了34.9%，占比为30%（表6-6）。其中，外出打工所占比例为19%，而2012年这一比例则高达62.2%；本地打工所占比例为11%，比2012

年增加了8.3%。这表明外出打工已不再是小岗村农民主要的收入来源，同时也意味着小岗村的大多数劳动力开始回乡发展，留守劳动力数量增加。第二，以家庭种植业为主要收入来源的农民家庭的比例增加至22%。一方面，外出打工的规模缩小，返乡就业的劳动力增多；另一方面，随着农业补贴政策的实施，农民更加倾向于发展种植业。第三，以外出打工和家庭种植业为主要收入来源的农民家庭的比例，也大幅度上升至24%。因为在家务农具有季节性的特征，所以绝大多数的小岗村农民采取农忙时回乡种地、农闲时外出打工的方式，从而改善生活。第四，在本村开店的小岗村农民家庭的比例增加了5.9%，占比为14%。一方面，这体现了小岗村的商品经济不断发展；另一方面，这也表明小岗村农民在资金和信心方面，有了很大程度的提升。第五，依靠低保生活的农民家庭的比例下降。这表明，小岗村的农民收入增多，整体生活水平有了较大的改善。

表6-6　2016年小岗村农民家庭收入的主要来源

家庭收入的主要来源	回答人数（人）	回答人数占比（%）
外出打工	19	19
本地打工	11	11
家庭种植业	22	22
外出打工和家庭种植业	24	24
低保	1	1
本村开店	14	14
其他	9	9
合计	100	100

三、小岗村目前人力资源存在的问题

（一）社会服务方面的人才缺失

小岗村卫生室隶属于小溪河镇卫生院，日常的行政管理和财务也是由镇卫生院直接负责和管理。根据课题组2011年的调查，小岗村当时只有2名医务人员。而且，小岗村的医务人员只能对村民感冒、发烧之类的疾病进行治疗，这导致大多数村民无法充分信任其医疗技术。

2012年，小岗村建立了凤阳县小溪河镇卫生院分院，坐落在原小岗村与石马村之间，距离小岗村更近一些，硬件设施有所改善。但是根据课题组2012年的调查，村民仍然不信任那里的医生，问其原因，主要是因为治疗效果不佳。

经过四年发展，2016年，小岗村卫生室的医务人员增加至5人，小岗村村民对卫生室的信任度也有了一定的提升。有82%的村民表示愿意到小岗村卫生室就诊，18%的村民则不愿意去小岗村卫生室就诊。农户不愿意去村卫生室的原因主要是：29.2%的村民认为，村卫生室的医疗仪器设备较差；27.8%的村民表示村卫生室的治疗效果不好；20.8%的村民认为医护人员的水平较差；9.7%的村民认为村卫生室的大病无法医治和药品不全。村卫生室现有6个工作人员，包括医生、护士、保健人员以及负责公共卫生的清洁人员，主要治疗对象为村里的农民，主要负责治疗一些常见病、基础病，如感冒、发烧等，年门诊量达1万人次以上，所以卫生人员经常忙得焦头烂额。然而，村卫生室的医生每月工资仅为2 500元左右，护士每月工资约为2 100元，负责公共卫生的清洁人员月工资则为2 000元。

农村学校教师作为农村地区的知识分子，不但为我国培养未来农村发展所需要的人才，对农村教育事业有极其重要的影响，而且对更新当地农村居民的思想观念，提升农民素质，进一步促进农村经济社会发展起到重要作用。然而，小岗村幼儿园、小学以及初中教师的素质需要提高，部分老师的年纪较大，已经无法紧跟时代步伐。小岗小学和初中的素质教育质量较低，教学质量很难得到保证。另外，由于小岗村中小学老师短缺，因此很多老师不得不跨学科代课。这不但导致教师没有更多的时间进修和充实自己，进而也无法接触学科内最新的知识成果，导致教学内容落后，而且产生了教学理念和教学方法不当等问题，在一定程度上影响学生的学习效果。

除此之外，农村科技人员、企业管理人员的队伍数量以及质量等均偏低。由于农民普遍受教育程度较低，很少有农民接受过高等教育，也没有机会或意愿接受技术培训，导致农民的科学文化素质普遍较低。这不仅造成了农民的思想闭塞，很难接触新思想、新技术，还降低了他们进一步学习的能力。农村地区人才的严重缺失，不但导致农业的粗放式经营，而且导致农村经济发展缺乏人才支撑。

（二）小岗村缺乏带头人带领农民致富

建设新农村，需要培养一批有一定的科学文化素质，对某些特定技术能够熟练操作，并且对市场经营策略较为了解的农民带头人，带动当地经济发展，对当地农民能够起到强大的带头作用。农村发展的带头人不仅具有企业家才能，还应有一定的威望。在熟人网络的背景下，乡邻们相信他们，对于他们的成功经验以及方法，乡邻们愿意主动学，且见效快。部分留守在家的劳动力，也是种地或者在村企业里工作。目前小岗村有葡萄园、从玉蔬菜、面粉企业以及 GLG 等企业，但是均没有起到带头的作用。小岗村的发展没有带头人引领，如何引进一批带头人，在小岗村带动当地农民创业致富，也是目前小岗村面临的一个问题。

（三）接受过专业培训的劳动力甚少

对农民进行实用技术培训，是进行新农村建设、提高农村居民生活水平的重要途径。农村劳动力文化素质不高，不但严重影响农村劳动力目前的就业状况，影响新农村建设，而且是制约农村劳动力转移就业的长期因素。留守在家的劳动力，仅有很少一部分接受过一些基本的养殖和种植培训。小岗村外出打工人员接受专业的职业技能培训很少，他们大部分只是在春节期间回家，且最长只有 7 天左右的假期，更没有机会接受培训、掌握技能，大部分仅限于外出打工时，在工厂里所接受的职业培训，很少涉及第二产业与第三产业。即使接受了短期的培训，仍然无法熟练地掌握操作技术，不得不从事体力劳动。

小岗村劳动力的科学文化素质较低，接受的专业培训甚少。但当前大多数企业招聘职工时，不仅需要有一定的学历水平，还要求真正掌握实践技能。所以，大多数村民已经渐渐无法在竞争激烈的就业市场获得工资水平较高的工作。另外，村民接受培训的时间不够，还会导致就业的盲目性，而且在自己的权益受到侵害时，维权意识不强。

四、提高小岗村人力资源水平的建议

农民自身文化素质偏低，要建设生产力高度发展、农民生活水平提高、农村精神文明丰富、农村生态环境良好、农民主动积极参与本村事务的社会主义新农村，如果没有一批批科学文化素质和实践技能较高的人才，则新农村建设将难以取得快速有效的发展成果。人才作为最强大的竞争力，是小岗村在当前经济新常态背景下，发展社会主义市场经济，建设社会主义新农村，使小岗村发扬大包干精神，重新脱颖而出的重要支撑力。因此，应该尽快提高小岗村的人力资源水平，为小岗村日后的发展提供持续不断的强大力量。

（一）加大培训力度

加大对当地农民的培训力度，不断更新培训内容，提高农民的文化素质，不断加深农民对农业科技相关知识了解与熟悉的程度。首先，村委会应当加大对农民培训的宣传力度。笔者在调研的过程中发现，一些村民对培训班不太感兴趣，甚至有些村民持抵制的态度。因此，村委会应积极采取各种积极有效的方式，一直关心他们的生产和生活，增强他们参与培训的意愿。其次，多方筹措农民培训资金。培训资金是确保农民培训顺利进行的关键，可以在政府公共服务之中，单项列出农民培训资金项目，同时确保随着经济社会发展，农民培训资金以及“工业反哺农业、城市反哺农村”的程度都应适当提高。最后，统一协调各大教育培训机构，发挥资源整合的效益，提高农民培训的质量。这需要引起政府及相关部门的高度重视，将农民培训列入国家中长期发展规划或国民教育体系之中。

（二）加大农村教育与农业发展的结合力度

加强农民培训是为了农村的短期发展做准备，而加大农村教育与农业发展的结合力度，则是为了培养新型农民、为农村的长期发展做准备。要注重培养新生代农民，让他们在进行应试教育、掌握基础知识的同时，也要教育他们既要学习科学文化知识，又要参加社会实践，为下一代农民做好思想教育工作，使他们成为新农村发展的不竭动力。例如，在中小学的课程设置中，加入农业科技知识的教育课程，或者在课外活动中，带领中小学生适当参加务农活动。

（三）政府采取积极政策，鼓励农民工返乡创业

对于那些在外打工，资金、技术以及经验积累较为充裕的农民，政府要采取一系列的优惠政策，包括为创业补助、培训以及贷款等方面提供绿色通道，鼓励这些农民返乡创业。一方面，农民工回乡创业，不但能够减轻城市剩余劳动力的就业压力，一些下岗职工可以获得一些农民工返乡之后的岗位，从而解决其就业问题，而且可以推动当地经济结构优化调整，带动当地经济发展，创造更多的就业岗位，促进当地农民就业，增加农民收入；另一方面，农民工回乡创业也是提高当地劳动力素质的一条快速通道。因为，外出打工的大多数是接受过

一定文化教育的青壮年。农民工回乡创业，不但他们的人力资本得到了增强，而且可以为当地培养技术型人才，提高村民素质。

（四）引进外来人才

在社会服务方面，医务人员、老师、大学生村官、农业科研人员、农业专家等，要大力引进，成为当地经济文化发展、农民致富的重要带头人。政府要采取积极措施，为他们营造和谐的工作环境，制定有效的薪酬激励机制，采取“有偿引进”的措施，以引进人才。例如，项目的税后利润分成、浮动薪酬和奖励等，分配住所、为直系亲属安排工作等。引进的具体方式可采取群众自发引进和组织引进两种。群众自发引进是由农民自主负责寻找人才、给予报酬的基础引进方式之一。组织引进的方式，短期内以乡镇、县（区）政府为主体，可通过通信、会议、举办技术培训班等方法交流磋商。引进外来人才，不但可以加速发展农村经济，而且可以为当地农村培植建设力量。

（五）组织对当地的青壮年劳动力进行专业培训

为充分发挥青壮年劳动力的优势，小岗村为其举办专业培训不但能够增强其找工作的竞争力，而且能够为农村经济社会发展培养后备人才。小岗村干部培训基地还组织过针对小岗村农民的专门培训。笔者建议：首先，对当地农民进行就业创业技能的培训，根据国家职业标准、岗位需求，组织或者引进一批强有力的培训团体，对农村劳动力进行基本技能和技术操作流程培训，培训重点应该是第二产业、第三产业；其次，为农民组织有关市场经济知识的重点培训，特别是市场经济的竞争与合作模式方面；再次，加强农民的法律知识培训，使农民能够在遇到问题时，采取法律手段予以妥善解决。

（六）加快农村剩余劳动力有效转移

有效转移农村中的剩余劳动力，需要多措并举。首先，应当加大对第二产业与第三产业的支持力度，从而增加就业岗位。例如，支持本地乡镇企业进行生产经营的结构调整，促进生产技术的升级改造，使其能够重新焕发活力。其次，提升小城镇建设管理水平。城镇化水平的提升往往意味着物质文明、精神文明与生态文明的同步发展，这对进一步有效转移农村剩余劳动力而言，有着巨大且持久的推动力，同时也为缓解农村人地矛盾提供了出路。最后，关于农村进城务工的劳动力，应当做好规划、引导与管理。尤其是应当帮助农民学习法律、了解法律，增强法律意识。同时，应不断健全与完善诉讼制度、信访制度、法律援助制度等，切实保障农村外出务工者的合法权益。

（七）加快农村社会保障制度建设

医疗和养老是民生重点，也是村民热切期望的两大社会保障。医疗保险能够减轻其看病负担，对于其消费水平和生活水平的提升将有重要的助益。目前，小岗村退休老人数量远多于青壮年劳动力。因此，养老保险也成为村民关注的重点。建立和完善农村的基本保障体系，能够为农村经济社会发展提供充足的人力资源。第一，完善当地的社保政策，加大管理力度，使村民享有机会均等的社会保障。第二，加深农村居民对社会保障体系的熟悉与了解，坚持扩大居家养老的范围，加大社保的宣传力度，在自愿的前提下，支持农村居民加入社会保险，并探求当前形势下小岗村的各种保障形式。第三，增强社保体系的可持续性，让农村居民能够获得可持续的保障，从而增强村民对农村社保体系的信任。第四，逐步提高社保水平，扩大社保制度的覆盖面。一些村民购买社保的意愿较低，认为政府提供的社保待遇水平过低，无法满足其基本需要。因此，应当逐步提高社会保障的待遇水平，才能不断扩大农村社会保障制度的覆盖面。第五，加强农村工伤保险等其他保险制度的建设，逐步形成较为健全的农村社会保障体系。

（八）加强乡村医生队伍建设

小岗村的医疗卫生水平较低。小岗村卫生室的年门诊人数为 1 万人以上，仅有 6 个医务工作人员，且只能诊治感冒、发烧之类的常见病，而很多留守老人的一些慢性病则无法获得持续性的治疗与养护。因此，小岗村的医疗卫生水平迫切需要提高。首先，明确小岗村村民的医疗卫生服务需求以及卫生室医生的学习要求，由县级卫生行政部门对乡村医生开展有针对性的培训，同时加强对培训效果的考核，定期了解村民的医疗满意度。其次，建立健全专家医生坐诊制度。医疗、医药专家主要从市、县一级的医院调用，一方面为村民中的一些重症患者提供医疗服务，另一方面也能够在一定程度上培训小岗村卫生室的卫生人员，从而使他们能够更好地为村民服务。最后，加大政府对乡村医生的补助力度，提高乡村医生的待遇水平。这不仅是稳定现有医生队伍的关键，还是吸引优质医疗卫生队伍的重要举措。

（九）留住农村年轻人

当前小岗村的青壮年劳动力大多外出打工，流失率较大，村内主要以留守老人和留守儿童为主。这对推动小岗村经济发展提出了巨大的挑战。只有留住年轻人，才能使小岗村重新焕发活力，才能进一步为农村和农业的发展注入新的希望。首先，应当提高务农人员的待遇，这是留住农村年轻人的首要和关键条件。这需要逐步加大对农业发展的支持力度，逐步完善相关制度体系，重点提升农业的比较效益，提高农业劳动者的收入。其次，改善农村和农业的生产经营条件。这需要完善农村公路、电网、水利、互联网等基础设施的建设，加快土地流转制度改革，促进农村土地有序流转等。最后，营造农村精神文明与生态文明同步发展的良好氛围。加大小岗村精神文明建设力度，发挥小岗村人敢为人先、团结协作的精神文化，从而形成良好的文化熏陶。要加快推进小岗村生态环境改善。

（十）成立安徽省农业职业技术学院

现代农业的发展与先进实用农业技术之间的联系愈加紧密。如果仅仅依靠普通农民来维持农业发展，还远远不够，必须加快农业职业技术人才的培养速度。积极推进农业职业技术学院的建立与完善，是适应农业现代化的现实需要。当前，北京市、上海市、江苏省、福建省、广西壮族自治区、河南省、甘肃省等省（自治区、直辖市）均建有独立的农业职业技术学院，而安徽省则没有成立农业职业技术学院。安徽省是农业大省，小岗村则是“中国农村改革第一村”，为推动农业现代化快速发展，应当成立安徽省农业职业技术学院，提高农业劳动者和经营者的科学文化素质，为安徽省农村和现代农业的发展提供人才保证和智力支撑。

第七章 小岗村新农村建设研究

在一定程度上，小岗村新农村建设的发展状况就是全国新农村建设的一个缩影，小岗村成为我国农村发展特定阶段的代表和排头兵。所以，笔者认为有必要认真探讨一下小岗村的新农村建设情况。

第一节 “十一五”期间小岗村新农村建设

小岗村的新农村建设主要体现在2006—2010年的小岗村建设规划、2011—2015年的小岗村建设规划和2016年4月—2019年4月的“三年大提升”规划上。

2007年底，《凤阳县小岗村新农村建设规划》（以下简称《规划》）出台，分为近期和远期两个阶段：近期阶段是2006—2010年，远期阶段是2011—2020年。

一、2006—2010年目标

《规划》的近期目标主要有：

（一）人口规模目标

《规划》中，新成立的小岗村将沿小岗大道的车庄、梨园、韩赵、严岗和石马村并入，使小岗村成为小溪河镇西部片区中心、镇域副中心，面积将由现在的1.84平方千米扩大到29.4平方千米，人口也由476人增加至近7 000人，辐射人口接近2万人。

（二）村庄基础建设目标

《规划》中，小岗村将形成“一环两轴一点九区”的发展格局，并且将对现有村庄进行整治，包括对建筑外立面和村容村貌的整治，建设一批新型居住社区。

（三）经济发展目标

小岗村新农村建设规划，确定了“开发现代农业、发展旅游业、招商引资发展村级工业”的三步走发展战略。在收入和经济规模方面，小岗村确保从2003年起人均年收入至少逐年增加400元以上，到2010年，实现村民人均收入8 000元，村集体收入600万元；在基础设施建设方面，要求全村基础设施健全，文教设施配套，供水设施完善，自来水普及率达到百分之百，环卫设施齐全，实现路、水、电、有线电视和电话“五通”，把小岗村建设成为工业强村、旅游大村、生态美村。在具体的实施过程中，小岗村将紧紧围绕大规划、精心设计小规划，走好“三步路”，确保各项工作目标能够圆满顺利实现。

第一步是调整产业结构，发展现代农业。借助小岗村现代农业有限责任公司，稳步发展规模化经营，走出一条农业生产集约化的道路，把小岗村的农产品做大做强。小岗村通过加快优质葡萄示范园、高效生态农业示范园以及龙虾养殖场等建设速度，促进现代农业迅速发展。

第二步是发展旅游业。以大包干纪念馆为依托，利用“全国十大名村”和“全省乡村旅游示范点”等品牌优势，大力发展红色旅游和农家乐旅游。大包干纪念馆建成开放后，已累计接待游客5万多人，2011年6月26日一天的游客数量就超过1万人，创造了单日游客数量最多的纪录，实现门票收入100多万元；占地面积13.33万平方米的小岗村农家乐旅游休闲基地已完成土地平整工作。

第三步是大力发展工业园。近年来，小岗村积极招商引资，兴办村级工业，先后办起了钢构厂、节能电器公司、小岗面业等工业企业。小岗大学生创业园、外来人员创业园等均初具规模，村级集体经济实力将进一步壮大。

二、2011—2020年目标

第一，2020年全村生产总值达到10亿元，人均GDP为2万～3万元，农民人均纯收入达到8 000元左右，从温饱发展阶段快速进入宽裕发展阶段。

第二，2020年产业结构调整为30∶30∶40，资源利用效率显著提高，生态环境良好。全面加快农业人口向第二产业、第三产业转移的步伐，争取将从事农业生产的劳动力减少到20%以内。

第三，加强新村庄建设和相关的基础设施、公共设施建设，形成村庄特色显著、整洁文明、协作共进的区域经济发展格局。

三、2006—2010年《规划》的实现状况

小岗村与其他名村比较起来，有劣势，也有优势。劣势：小岗村人口规模小，相较于南街村，人口数量是南街村的六分之一；收入水平低，2005年，小岗村人均收入为3 255元，仅是大寨村的60%、华西村的3%；2005年小岗村户均产值仅为南街村的十三分之一，耕地资源在小岗村产出的经济效益仅为南街村的十六分之一。优势：小岗村耕地面积是南街村的1.4倍，人均耕地面积是南街村的10倍，户均耕地面积是南街村的12倍。

经过几年的努力，小岗村已经发生了可喜的变化，加快发展的内在潜力和后发优势已逐步显现，新农村建设也取得明显成效。

第一，基础设施不断完善。全村安装了数字电视、有线电视、广播和自来水，修建了村内水泥路；南至101省道、北至307省道的小岗村快速通道已经贯通，自宁洛高速凤阳出口到小岗村仅16千米，交通更加便捷；新建了村卫生服务中心、农贸市场；村级活动场所和信息综合服务中心已基本整修完毕；小岗村第二居民小区竣工后，80户村民将在小区入住；占地面积1.33万平方米、计划分两期进行的农贸市场，已完成了首期46套商住房、4 000平方米钢架大棚、400个摊位和6 000平方米的水泥地面建设工程，即将投入使用，二期商品房也基本完工。

第二，农民收入持续增长。农民人均纯收入不断增长：2007年农民人均纯收入达到6 000元，比全省农民人均纯收入高出68.7%，比2003年的2 300元增加了近两倍，年均增加近千元。农民的生活水平不断提高，有4户农民购置了高档轿车，102户农民翻盖了新房，28户农民搬进了住宅新区。

第三，文明乡风悄然形成。小岗村通过开展好婆婆、好媳妇、星级文明户等家庭文明评选活动，与以往相比，不和谐、不团结的声音少了，家庭新风逐步形成，健康文明、积极向上的乡风悄然形成。村民对小岗村的未来充满了坚定的信心。小岗村还组织村民外出参观学习，开展思想大讨论活动，畅谈小岗村近年来发生的变化以及给村民

带来的实惠，使得广大村民的思想观念发生了明显变化[①]。例如，沈浩曾带领小岗村的干部去南街村、华西村和大寨村进行调研。

四、沈浩与小岗村新农村建设

小岗村新农村建设与沈浩有着不可分割的关系。

沈浩担任小岗村党委书记，不但抓经济建设，而且抓小岗村的新农村建设。可以说，2010 年之前的小岗村新农村建设的主要项目大多是在沈浩的直接倡导下完成的。

第一，引入资金带领村民修路，主要是小岗村的友谊大道。

第二，改变小岗村的自然环境。刷新村口的牌楼、围墙、党员活动室。

第三，壮大村集体经济力量。修复了荒废多年的自来水厂和广播电视设施，依法收回了被私人长期占用的集体资产。

第四，建设小岗村精神文明。组织开展了文明示范户评选活动，组建了腰鼓、花鼓表演队，兴建了图书阅览室、文娱活动室，还以每户补贴 2 万元的形式，将村民迁进了友谊大道两侧的新居，等等。

第五，发展小岗村公益事业和社会保障事业。设立“教育基金”，对村里贫困户、五保户、残疾人等表示关怀与慰问。

当然，丁俊接任小岗村党委书记之后，继续发展小岗村的新农村建设事业，如扩建公墓、改造友谊大道、新建大包干纪念馆、建设小岗村敬老院等，有些项目已经建成并投入使用。

小岗村友谊大道，最初是由江苏省长江村出资修建的，沈浩在世时进行了一定程度的扩建和整修，如图 7-1 所示。

其中，小岗村敬老院作为沈浩生前的一项未竟事业，已于 2010 年 8 月 11 日启用，用于安置小岗村及其周围村庄的五保老人（图 7-2）。

五、小岗村新农村建设第一阶段的作用

小岗村新农村建设对全国广大农村的新农村建设具有一定的示范效应，小岗村新农村建设规划对全国广大农村的建设规划也具有一定

---

① 中共凤阳县小岗村委员会．小岗村新农村建设情况汇报［EB/OL］．http：//business.sohu.com/20080520/n256979782．shtml．

图 7-1　小岗村友谊大道

图 7-2　小岗村敬老院

的影响力。

第一，新农村建设推动了小岗村经济发展。首先，小岗村大力发展农业特色产业。葡萄种植面积已达 40 万平方米，年总产量 100 多万斤，总产值达 200 多万元，纯收入近 100 万元。以小岗村 GLG 农产品深加工高科技产业园为依托，建起了 20 万平方米的甜叶菊育种基地。广州从玉菜业集团计划三年内投资 1.5 亿元建设 6.67 平方千米的蔬菜生产基地，已成功试种 20 万平方米。签约的天津宝迪集团投资 6 亿元的 10 万头原种猪现代化养殖场项目已启动建设。其次，工业项目发展成就突出，美国 GLG 集团成功落户小岗村，投资 15 亿元建设小岗村农产品高科技产业园。广州从玉菜业集团投资 1.5 亿元的现代蔬菜生产基地，首期投资 3400 万元的核心示范区项目土地平整和喷灌管网建设项目完工。投资 6 亿元的小岗村生态农业高科技产业园正在实施项目用地的流转、征用和项目规划工作。投资 1 亿元的小岗村培训中心也已建设完毕。

第二，小岗村建设推动了经济社会发展。一是小岗村的农户庭院得到进一步整理和规范。二是公益事业发展速度较快，突出的案例是小岗村公墓的建设。小岗村公墓已经成为小岗村的一大亮点。小岗村公墓位于小岗村东面的制高点上，即沿着小岗村的友谊大道向东走，一直走到尽头，就是小岗村公墓，占地面积 1.33 万平方米，但都是较为贫瘠的岗地。凤阳县人民政府拨款 100 万元，进行全面修建，还配有停车场。三是小岗村经济发展吸引了外出劳动力回本村就业，外出劳动力减少了三分之一左右。

第二节 “十二五”期间小岗村新农村建设

2010 年，小岗村及其上级政府又制订了新的《凤阳县小岗村总体规划》，开始了小岗村新农村建设的第二阶段。

一、第二阶段规划的起因与过程

随着经济社会较快发展，原有的《凤阳县小岗村新农村建设规划》已经不能满足和适应小岗村发展的需要，城镇道路交通、居住环境对小岗村的发展也提出了更高的要求。凤阳县委、县政府高度重视，决定重新修编小岗村的总体规划。

从 2010 年 1 月份开始，安徽省城乡规划设计研究院组织编制了新一轮的小岗村总体规划。本次规划本着立足小岗、辐射周边、统筹规划和分步实施的原则，对小岗村行政区域内的城镇建设、经济发展和基础设施建设等方面进行了认真的讨论和研究。重点把握区域与城乡发展条件、交通系统与生态环境，进一步明确小岗村及周边区域发展的总体目标和定位。规划期限：近期为2010—2015年（相当于“十二五”规划）；远期为2016—2030年。

二、第二阶段规划的内容

（一）规划范围

研究范围：小岗村所影响的周边区域（含周边乡镇）。

协调区域：凤阳县主城区、板桥镇、总铺镇。

重点区域：凤阳县小溪河镇、大溪河镇。

（二）规划主要内容及重点

1. 主要内容

（1）从区域的角度对小岗村经济社会与城镇发展的优势和劣势进行分析，确定小岗村城镇化路径和社会经济发展战略。（2）确定城乡体系布局和空间结构，预测人口规模和城镇用地规模。（3）确定小岗村经济区性质与发展目标。（4）打破行政区划限制，从经济区划层面制定概念性总体规划，包括土地利用规划，道路交通系统规划，公共服务设施规划，生态环境保护规划，电力、电讯工程规划，供水、排水工程规划，燃气工程规划，综合防灾规划等内容。（5）制定近期建设规划和分区控制图则。（6）开展四个方面的专题研究。（7）制定规划实施的策略。凤阳县小岗村总体空间布局结构，如图7-3所示。

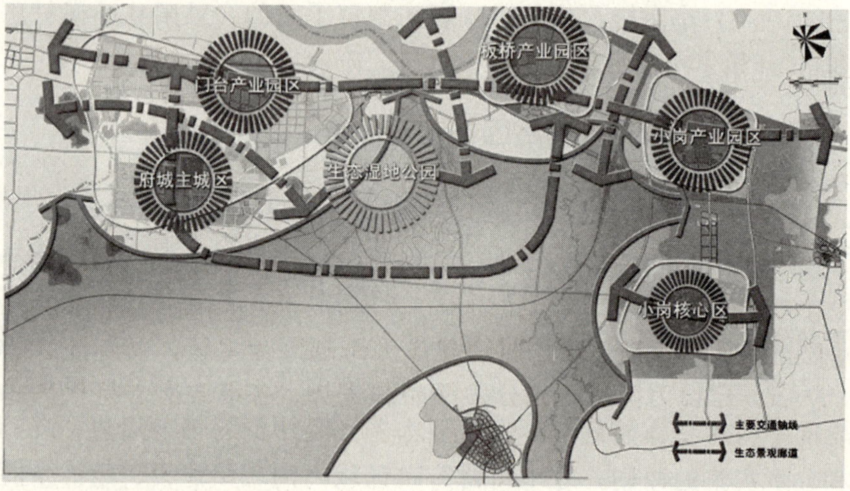

图7-3　凤阳县小岗村总体空间布局结构

2. 规划重点

(1) 根据小岗村的发展需求，提出新的经济区划范围，进行概念性总体规划的编制。

(2) 对城乡总体发展方向、用地形态、功能布局、基础设施进行深入研究、科学安排。强调区域及城乡的自然生态保护，改善发展结构，突出组团式城乡结构特色，营造高品质的城乡发展风貌。

(3) 小岗村今后将成为发展的探索者和引领者，规划重点研究特色城镇化路径、城乡一体化途径。

(4) 小岗村是国家AAAA级旅游景区，在对旅游资源现状与评价的基础上，重点进行旅游市场预测，开发新的旅游项目，丰富观光旅游休闲度假内容。

3. 规划年限

近期：2010—2015年。

远期：2016—2030年。

（三）小岗村经济社会发展的总体思路

1. 发展模式

提高公共设施服务水平，加快现代农业、旅游业和农产品加工业的发展速度，全面增强中心村的吸引力，把小岗村建设成为新农村建设、现代农业发展、旅游观光的示范村。

2. 人口与城镇化

(1) 人口规模：2020年小岗经济区总人口为10万人，预计2030年镇域总人口为13.5万人。

(2) 城镇化水平：到2020年，城镇化水平为40%；到2025年，城镇化水平达到55%～60%；到2030年，城镇化水平力争达到65%以上。

（四）产业培育与发展思路

1. 产业发展总体思路

以“经济增长高速度、村庄建设大跨越”为主题，以经济区划调整、新农村建设为契机，充分发挥品牌优势、各级政府支持优势，扩大小岗村的经济规模，加大招商引资力度，加快各项基础设施建设，推进大学生创业园、农家乐示范园、科技农业示范园、工业集中区、新农村居住区建设，大力发展现代农业、旅游观光业和农产品加工业，多轮驱动，争取在较短的时间内实现由农业型村庄向农业、旅游、商业互动型村庄转变，彻底改变小岗村的对外形象，把小岗村建设成为中部地区新农村建设的典型村庄。

2. 农业产业化发展策略

(1) 实施以生态产业园区为核心的载体培育战略。

(2) 大力培育龙头企业，发展现代农业和农副产品加工业。

(3) 本着自愿原则，成立各种专业的农业生产合作组织。

(4) 发展优势产业，打造小岗村农业及农副产品的知名品牌。

(5) 大力发展旅游业、商贸运输等生活和生产性服务业。

(6) 统筹城乡发展，促进城乡产业良性互动。

根据安徽“十二五”城乡统筹发展研究，目前安徽省总体上已进入以城带乡、以工促农的发展阶段。小岗村应在未来跨越式发展的过程中，与周边县城加强联系，与周边乡镇携手打造城乡统筹发展的示范区，促进社会主义新农村建设。

（五）小岗村城镇化发展战略

一是点面相结合，全面推进。在“点”上要积极服从小岗村一体化中的功能划分要求，适应城乡一体化的趋势；而“面”上则根据小岗村一体化所确定的块状功能，逐步推动小岗村城镇化发展。

二是分步实施，循序渐进。2020 年，小岗村集中建设区初具规模，以小岗村为核心的小岗经济区空间布局初步形成，初步消除城乡二元结构。

（六）城乡空间布局

小岗村根据小岗经济区经济、地理、生产条件、产业结构的特点并兼顾生态环境保护与实现可持续发展的要求，综合考虑基础设施共享、城镇布局的关联程度，将整个经济区的城乡空间划分为南、北两个片区，形成以小岗集中建设区为中心的“一心两核”的空间格局。

“一心”：即小岗集中建设区，区内自然环境良好，丘陵起伏，植被种类丰富，大包干纪念馆、石马金石刻等旅游资源集中分布在此地，综合考虑现有土地和自然资源的保护性利用和产业经济的协调发展要求，以经济社会和自然资源的可持续利用为前提，创建集人文景观、产业景观和自然景观于一体的革命传统教育、爱国主义教育、旅游观光及休闲度假的多功能旅游区。对该区域内的工业企业进行严格审核，严禁有污染的工业企业进驻，对高能耗、粗放型的工业进行严格控制，严禁开山采石、乱砍滥伐，确保生态环境的质量。小岗村对水资源、风景资源、土地资源等不可再生资源进行严格保护，创建资源集约型经济发展区。

“两核”：即大溪河镇和小溪河镇。交通条件优越，城镇建设基础条件好，城镇人口相对集中，小岗经济区内的城镇人口大多集中在这两个镇区。规划以中心镇为依托，引导工业向城镇工业园区集中，居民向城镇集中。

（七）小岗经济区总体布局

根据小岗村用地条件，规划人员对各项功能用地、交通组织、生态环境进行综合考虑，合理布局，提出“133”的空间结构，即“一个中心，三大组团，三条轴线”的空间结构。

“一个中心”：整个小岗经济区的中心，是小岗经济区的政治、经济、交通、商贸、文化教育、休闲娱乐中心。

“三大组团”：南部组团，以原小岗村为中心的发展组团；中部石塘湖工业园组团，省道307线以南，京沪铁路以北区域；北部物流组团，省道307线以北，南洛高速公路以南的地区。

“三条轴线”：一条南北向轴线，即小岗快速通道；两条东西向轴线，即省道307线和GLG大道。

三、2010—2015年小岗村新农村建设状况

（一）总体目标实现状况

2015年，小岗村人均可支配收入约为14 700元（距离15 000元的目标仅有约300元的差距），比2011年增加了5 300元，年均增长11.83%；小岗村集体经济由2012年的410万元增加到2015年的670万元，年均增长17.79%；2015年小岗村工农业生产总值达8.27亿元，年均增长12.55%。

（二）主要项目实现状况

1. 工业项目实现状况

小岗村最缺乏的产业，首先是工业，在“十二五”期间，小岗村工业有了较大的发展。完成5平方千米小岗工业园区编制工作、1平方千米工业园区核心区建设工作、1平方千米工业园区“七通一平”工作。5平方千米的小岗工业园区全面建成，形成具有一定产能的农产品深加工产业园区和初步形成加工制造类产业集群；盘活土地资源，并实现了适度开发，实现社区化管理的社会主义新农村。工业园区现已

落户的招商引资项目建成并投产。

2. 农业项目实现状况

第一，小岗村改善了基础设施，实施燃灯水库引水工程，彻底解决小岗村生产用水难的问题；完成小岗村乡村旅游区控制性详细规划编制工作，完成“当年小岗”项目建设。2 平方千米小岗核心区（小岗至石马新区）的路网框架初步形成；各自然庄基本完成土地置换、整村推进工作，村民在石马、小岗两个新区集中居住；小岗村社区卫生院竣工并投入使用。成功打造以红色旅游为重点、基础设施完善、功能配套的乡村风情旅游目的地。

严岗新区建设状况，如图 7－4 所示。

图 7－4　严岗新区建设状况

石马新区建设状况，如图 7－5 所示。

第二，小岗村基本完成土地综合治理工作，田、路、沟、渠等配套设施建设完成。

第三，小岗村在农业上初步形成以从玉蔬菜的生产、加工，郑飞粮食全价值链产业园，宝迪 10 万头种猪养殖基地为重点的现代农业产业集群。

3. 旅游业发展状况

“十二五”期间，小岗村大力发挥旅游资源优势，采取多种措施使

图 7-5　石马新区建设状况

区域红色旅游产业持续升温。完成“两馆一中心”、友谊大道、改革大道、创新路、和谐路、大包干南路和石马新区全面绿化、美化、亮化工作，使旅游基础设施从此迈上新台阶。2015 年小岗村为提高游客接待能力，投入 20 多万元，采购 2 辆 23 座电瓶观光车；投入 40 多万元，完成改革大道进村旅游南北两座跨路指示牌等标识；严格按照国家 AAAA 级旅游景点验收标准，进一步完善小岗村旅游基础设施，提升小岗村旅游接待服务水平。2014 年 9 月 1 日，小岗游客中心正式运营以来，共接待游客 19 万人次、乘坐观光车 6.3 万人次、停车场停车 1.9 万车次，实现旅游收入 53 万元。

4. 教育卫生事业不断发展

“十二五”期间，小岗村大力推动农村教育事业发展，对在小岗村学校任教的教师给予每人每月 300 元的生活补助，对村里考入高校的优秀学生给予一定的奖励，同时积极争取项目资金 328 万元，建设1 562 平方米的教师周转房和 531 平方米的食堂，目前，已全面投入使用。在卫生服务层面，小岗村卫生服务中心采用乡镇中心卫生院用药目录，同等住院报销政策，每周均有县直医院专家坐诊；同时，村集体每月为医生发放生活补助资金1 000元，有力提升了小岗村卫生保障和服务能力。

5. 村风和村民主制度有了很大改进

第一，建立调解机制。“十二五”期间，设立小岗村调解中心，村干部、派出所、法庭、法律志愿服务者、司法员、村民组管理员和协管员共同参与，及时化解、调解本村的各类矛盾纠纷，做到行政调解、司法调解、人民调解多管齐下。

第二，落实村“两委”密切联系“大包干”带头人制度。坚持、完善村党委密切联系“大包干”带头人情况通报、意见征求和办实事三项制度，多次召开“大包干”带头人的座谈会、情况通报会、意见征求会，筹建了“大包干”带头人活动室。

第三，开展村民自治、建立管理新机制。“十二五”期间，修改完善了《小岗村村规民约》。成立了小岗核心区、石马新区村民理事会和石马新区、严岗新区村民自建房理事会，在村两委的指导下，村民理事会充分发挥其在美好乡村建设中的主体作用，实施了石马新区和严岗新区续建工程，实现了村民的自我管理、自我服务、自我监督、自我完善，弘扬了新风、正气，密切了党群、干群关系。另外，“十二五”期间，小岗村会同城市管理行政执法局小溪河分局，以教育引导为主，辅以必要的处罚，开展小岗核心区、石马新区以及其他主要道路沿线的卫生保洁和环境美化工作。

小岗村村规民约，如图 7 - 6 所示。

图 7 - 6　小岗村村规民约

6. 建设小岗村公墓

目前，小岗村公墓成为小岗村新农村建设的重要组成部分，时常会有人前来瞻仰、献花、鞠躬致敬。走进小岗村公墓，首先见到的就是沈浩同志之墓，如图 7－7 所示。

图 7－7　沈浩同志之墓

7. 小岗村社会事业有新进展

小岗村新农村建设规划逐步得到落实。小岗村在著名的友谊大道两边推出的“卫生清洁示范户”和“好人榜”灯箱宣传栏。自 2016 年 5 月中旬开始，小岗村村规民约理事会在全村范围内组织开展了“卫生清洁示范户”和“小岗村好人榜”评选活动。经过理事会民主推荐、组织审核、征求意见、公众反馈、全村公示，小岗村两委最终确定了 9 名“小岗好人”、5 户“卫生示范户”上榜人选。“好人榜”一经亮相，在广大村民中立刻引起强烈反响，也吸引游客观看。

8. 沈浩同志先进事迹陈列室进一步扩建

沈浩同志先进事迹陈列室位于小岗村的入口处，2010 年 7 月 1 日上午，揭牌仪式在安徽省凤阳县小岗村举行，以此纪念党的生日，缅怀沈浩同志。整个陈列室占地面积为1 000余平方米，清晰地展现沈浩在小岗村六年的工作历程。陈列室里陈列了沈浩同志生前办公和生活中用过的部分实物、音像资料、文字资料以及300余幅图片，再现了沈浩同志生前的先进事迹和工作成果，成为纪念和缅怀沈浩的一个重要场所，是党员干部学习沈浩事迹、弘扬沈浩精神的重要教育基地。

该陈列室也成为小岗村新农村建设的重要组成部分，当然也是小岗村旅游的重要景点。目前，该陈列室已经扩建完成，内容得到进一步充实，有关设施得到完善。另外，运用现代高科技设备建设的大包干纪念馆已经开馆接待游客，展览面积增加了、内容更充实了、效果更直观了。

第三节　“十三五”期间小岗村新农村建设

一、《小岗村十三五规划》明确提出“五大提升”

《小岗村十三五规划》明确提出“五大提升”，其内容如下：

（一）内生动力大提升

一是观念提升，增强广大村民自力更生、共建共享的发展意识，实现从“要我发展”向“我要发展”转变。二是促进素质提升。定期选派村干部到先进地区挂职培训，开阔视野，促进工作能力提升。

（二）品牌形象大提升

开展大包干精神和沈浩精神专题研究，努力形成一批品牌，打造独具特色的小岗村教育培训品牌；主动加强与媒体的沟通联络，积极宣传小岗村建设发展的新成效，全面提升小岗村对外形象。打造“小岗印象”精品节目，定期举办演出活动，提升小岗村美誉度。

（三）产业发展大提升

以农业产业化龙头企业为带动，大力发展现代农业，把小岗村打造成为设施农业、生态农业、旅游农业的综合体和现代农业的大观园。主动对接农业产业化龙头企业和科研院所，建立创业项目库，聘请创业指导员或技术顾问，促进产业发展大提升。

（四）民生保障大提升

在现有路网的基础上，进一步完善小岗村与周边村庄的路网建设，全面完成小岗核心区、石马新区、严岗新区三个社区建设，坚持精准扶贫、精准脱贫，落实“一对一”结对帮扶制度，2017年全村贫困人口全部脱贫。

（五）组织建设大提升

全面加强领导班子建设，激发党员队伍活力，有序推进村民自治，健全并完善制度体系，大力实施阳光工程，全面推行村级小微权力清单制度，切实推进党务公开、村务公开、财务公开，促进组织建设大提升。

二、“三年大提升”的内容

2016 年 11 月，小岗村“三年大提升”确定实施 136 项工作，2016 年正在开展的有 80 多项工作。凤阳县人民政府要求，以项目为抓手，实行通报约谈制度，加强调度，每月客观真实地对各项工作的进展进行通报，对进展不好的项目责任单位进行约谈，有序推进项目建设，让小岗村在改革的道路上不断前进。

2016 年 12 月 8 日上午，“三年大提升”首批项目集中签约和开工仪式在小岗村举行。集中签约的项目有：盼盼集团食品加工、皖农新能源、北京恩源科技“互联网＋”农合组织公共服务平台、小岗徽银现代农业改革支持基金等 6 个项目，总投资超过 20 亿元。其中，盼盼集团食品加工项目投资 10 亿元，将建设烘焙、膨化、曲奇及短包类食品生产线，年税收达4 000万元，可带动就业1 000余人。

2017 年 4 月 25 日，在习近平总书记视察小岗村一周年之际，“三年大提升”第二批项目集中签约仪式在凤阳县小岗村举行。集中签约的 9 个项目总投资超过 80 亿元。其中包括正大集团投资 40 亿元的 100 万头生猪养殖、屠宰、深加工全产业链项目，国家电力投资集团有限公司投资 40 亿元的 800MW 渔光互补发电项目，凤宝粮油食品有限公司投资 3 亿元的谷物深加工项目，投资 1 亿元的小岗创发公司与常州塞拉弗公司合作建设光伏组件制造项目，徽观农业投资 1 亿元的燕谷米深加工项目等。

2017 年，小岗村新农村建设已经取得一定的成绩。

首先，友谊大道在 2010 年扩建的基础上，2013 年再次扩建，对道路两边的住宅建筑等，都进行了城镇化模式的改造。友谊大道两边的环境卫生设施达到了城镇化的要求，如图 7－8 所示。

其次，小岗村的公共厕所得到了彻底的改造，与“大包干”之前的厕所相比，可谓是天壤之别，如图 7－9 和图 7－10 所示。

图 7－8　小岗村友谊大道两侧的垃圾箱

图 7－9　“大包干”之前的厕所

图 7-10　2017 年的公共厕所

安徽小岗干部学院也为小岗村建设增添了新的光彩，如图 7-11 所示。

图 7-11　位于小岗村友谊大道西侧的安徽小岗干部学院

小岗村作为中国农村的标志性村庄，还设有派出所、消防队，如图 7－12 和图 7－13 所示。

图 7－12　小岗村派出所

图 7－13　小岗村专职消防队

另外，相关部门对小岗村的外围道路也进行了彻底的扩建，达到了国家级公路的标准，与外界公路实现了无缝衔接，如大包干路和创新大道（图 7 - 14 和图 7 - 15）。

图 7 - 14　小岗村大包干路

图 7 - 15　小岗村创新大道

后　记

1978年11月24日，安徽省凤阳县梨园公社小岗生产队的18位村民以“敢为天下先”的胆识，按下了分田到户的“红手印”，搞起了“大包干”，小岗村成为中国农村改革的发源地。这开创了中国农村经济发展的新模式，在历史长河中留下了浓墨重彩的一笔，它以自身独特的魅力和价值吸引着全国农民的目光，因为它使中国几亿农民摆脱贫困、解决温饱，甚至是翻身致富，使中国农村面貌焕然一新。如今在中国十大名村中，不少名村经济实力雄厚、人均收入很高。我们可以看出，在中国特色社会主义新农村建设的道路上，小岗村作为其中的一个代表未能走得顺风顺水，探索的道路充满坎坷，然而小岗村经济何以在一段时间内发展缓慢，值得我们深思。这也引起了社会各界的广泛关注，在调研中我们发现，许多北京、上海的名校师生也曾在小岗村调研，无论是小岗村村委会还是上级政府，都致力于促进小岗村经济发展。正是在这一背景下，为帮助社会各界人士了解小岗村经济情况，我们撰写了这本书。

笔者通过多次实地调研，与当地村委会接洽座谈，深入农户家中访谈，获取第一手资料，方便社会各界了解小岗村经济发展的真实现状。本书分别从小岗村经济发展概况、小岗村产业发展研究、小岗村商品流通研究、小岗村融资研究等方面进行全面阐述，最后通过对小岗村经济发展的思考提出相关建议。

小岗村拉开了家庭联产承包责任制的序幕，“大包干”极大地提高了农民收入，改变了当时穷困潦倒的局面。小岗村的经济发展也经历了迷茫阶段，经济发展速度相对缓慢。随着党中央的高度重视以及各级领导的积极规划，小岗村经济发展正在步入新的轨道！在最近的一次座谈中，我们了解到，目前一批大型企业正在入驻小岗村，希望小岗村走出一条工业反哺农业的道路，我们期待小岗村的明天更加美好。

本书历时10年时间，笔者多次去小岗村调研，由安徽财经大学7位老师共同完成全书写作任务。这本书的顺利定稿，离不开诸多老师和领导的大力支持与帮助，凝聚着大家共同的智慧和汗水。希望此书能让社会各界人士更好地了解小岗村，一起为促进小岗村经济发展出谋划策。

本书是一个工作团队的结晶，具体分工如下：第一章，张庆亮老师；第二章、第五章，董黎明老师；第三章，周本存老师；第四章，王刚贞老师；第六章，秦立建老师；第七章，王洪春老师。小岗村村委会成员组织数次座谈会，认真审阅了本书，提出了许多宝贵的修改意见，并倾情提供当地发展的相关数据和资料；当地村民对我们的调研活动也给予了大力支持，在此一并向他们表示衷心的感谢！

本书不可避免地存在疏漏之处，恳请广大读者批评指正。

张庆亮　王刚贞

2020年8月10日